QUATRIÈME CHRONIQUE DU RÈGNE DE NICOLAS Ier

DU MÊME AUTEUR

LA SAIGNEE, Belfond, 1970.
COMME DES RATS, Grasset, 1980 et 2002.
FRIC-FRAC, Grasset, 1984.
LA MORT D'UN MINISTRE, Grasset, 1985.
COMMENT SE TUER SANS EN AVOIR L'AIR, La Table Ronde, 1987.
VIRGINIE Q., parodie de Marguerite Duras, Balland, 1988. (Prix de l'Insolent.)
BERNARD PIVOT REÇOIT..., Balland, 1989 ; Grasset, 2001.
LE DERNIER VOYAGE DE SAN MARCO, Balland, 1990
UBU PRÉSIDENT OU L'IMPOSTEUR, Bourin, 1990.
LES MIROBOLANTES AVENTURES DE FREGOLI, Bourin, 1991.
MURUROA MON AMOUR, parodie de Marguerite Duras. Lattès, 1996.
LE GROS SECRET, Calmann-Lévy, 1996.
LES AVENTURES DE MAI, Grasset/Le Monde, 1998.
LA BATAILLE, Grasset, 1997. (Grand Prix du roman de l'Académie française, Prix Goncourt et Literary Award 2000 de la Napoleonic Society of America.)
IL NEIGEAIT, Grasset, 2000. (Prix Ciné roman-Carte Noire.)
L'ABSENT, Grasset, 2003.
L'IDIOT DU VILLAGE, Grasset, 2005. (Prix Rabelais.)
LE CHAT BOTTÉ, Grasset, 2006.
LA GRAMMAIRE EN S'AMUSANT, Grasset, 2007.
CHRONIQUE DU RÈGNE DE NICOLAS Ier, Grasset, 2008.
DEUXIÈME CHRONIQUE DU RÈGNE DE NICOLAS Ier, Grasset, 2009.
TROISIÈME CHRONIQUE DU RÈGNE DE NICOLAS Ier, Grasset, 2010.

(suite en fin de volume)

PATRICK RAMBAUD
de l'académie Goncourt

QUATRIÈME CHRONIQUE DU RÈGNE DE NICOLAS Ier

BERNARD GRASSET
PARIS

Photo de la bande :
© Grégoire Vallancien

ISBN 978-2-246-78407-4

à Tieu Hong,

à M. Molière qui aurait écrit puis
joué l'Impromptu de Neuilly,
c'est-à-dire l'envers du décor,

à Nicky et Jean-Claude Fasquelle
qui possèdent chez eux
un buste de Voltaire.

« POLITIQUE. Lutte d'intérêts déguisée en débat de grands principes. Conduite d'affaires publiques pour un avantage privé.

« ABDICATION. Acte à travers lequel un souverain atteste qu'il est sensible à l'élévation de température de son trône. »

Ambrose BIERCE,
Le Dictionnaire du Diable, 1911.

Chapitre Premier

NICOLAS LE NÉVROSÉ. — DU BON USAGE DE LA FROUSSE. — LE COCHON QUI ÉTERNUE. — LA BARONNE BACHELOT OUVRE SON PARAPLUIE. — UNE AVENTURE DU COMTE CHATEL. — FESTIVAL DE COUACS. — UN PROCÈS EN SORCELLERIE. — NOBLE ATTITUDE DE M. LE DUC DE VILLEPIN. — ACHARNEMENT DE SA MAJESTÉ À SON ENCONTRE. — MONSIEUR FREDO. — SON PORTRAIT EN MARQUIS DE VALOIS. — COMMENT IL SE FOURRE EN MAUVAISE POSTURE.

Il est juste de satisfaire votre curiosité sur ce qui s'est passé à l'issue de l'été 2009. Si Notre Chatouilleux Leader se remettait d'un malaise qui l'avait pris devant témoins, à Versailles, et lui avait permis de gagner quelques paliers de popularité, puisque nous savions enfin qu'il n'était point indestructible mais que ses artères ressemblaient à celles du commun, ses humeurs n'en bouillonnaient pas moins. Le Nerveux Souverain prenait feu aisément ; même en repos forcé dans la villa de sa belle-mère, au cap Nègre, il usait son temps et celui d'autrui à cracher des ordres au téléphone plutôt que de réussir une sieste. La tradition voulait chez nous qu'on affublât nos princes d'un sobriquet pour pousser en avant leur qualité saillante, ainsi en fut-il de Robert le Pieux, Philippe le Bel, Louis VI le Gros ou Charles le Chauve. Notre Vibrionnant Monarque ne pouvait échapper à cette tradition : à cause de son obsession inassouvie de la bougeotte, il s'appela désormais pour l'Histoire Nicolas le Névrosé.

L'air du temps contribuait à nourrir sa phobie de sécurité absolue et son désir de grandeur, mais ses proches valets lui rapportaient en grimaçant qu'on se suicidait de plus en plus dans les grosses entreprises, où l'on traitait mieux les caoutchoucs en pots que les humains ; que des ouvriers remerciés menaçaient de faire exploser des bonbonnes de gaz alignées sur le toit de leur usine, à Châtellerault, afin qu'on augmentât de trois sous leurs indemnités de départ à la casse. Notre Fourbu Seigneur apprit de la sorte que son cadeau aux limonadiers et taverniers, dont il avait foutrement baissé les taxes à condition qu'ils baissent leurs prix et embauchent dans leurs estaminets, n'avait guère servi qu'à engranger des voix pour des élections à venir, car si les bougres ôtaient dix centimes ici, ils les rajoutaient là ; le café devenait un peu moins cher mais la bière augmentait d'autant. Mise à l'épreuve du réel pendant tout l'été, cette largesse se révélait un leurre. Et la Crise, laquelle avait permis à Sa Majesté de briller sur les estrades en donnant force coups de menton et d'épaules avec autorité ? Eh bien les spéculateurs spéculaient mieux encore qu'auparavant, et les banquiers se remplissaient les poches au détriment du peuple dont l'argent les avait renfloués. Neuf Français sur dix, revenus de vacances, constataient avec déception que leur vie ne s'était point améliorée. Quel paravent déployer pour cacher tant d'horreurs ?

La Cour avait peur du Fantasque Souverain et ses sujets avaient peur de tout. La moindre broutille prenait des proportions. Quelle peur gonfler et entretenir pour que le peuple restât docile et craintif ? Au mois d'avril précédent Notre Grand Rusé avait décrété la rougeole priorité nationale, hélas personne ne s'en alarma ni même ne s'en aperçut. Le Jaloux Souverain se prit alors à envier les rois d'antan qui avaient orchestré de jolies paniques très utiles. Où es-tu, vache folle ? se lamentait Notre Plaintif Leader. Où es-tu, tremblante du mouton ? Et toi, grippe aviaire qui nous fis tellement redouter les poulets de Bresse, les pigeons tuberculeux de Paris et les omelettes ? Ah ! Que vienne fissa la coqueluche du merlan ou la bronchite de l'agneau, la varicelle des huîtres d'Arcachon, l'hépatite du canard ! Ce fut à ce moment qu'on entendit éternuer un cochon dans une porcherie du Mexique...

Le cochon envoya des postillons au fermier qui garnissait son auge d'épluchures ; celui-ci en eut aussitôt la fièvre et se mit au lit où il contamina à son tour la fermière, laquelle partit en ville acheter des médicaments. En route, dans l'autocar bondé, elle toussa sur les passagers qu'elle enveloppa dans un nuage de virus. Ainsi naquit la grippe du cochon jusqu'à l'aéroport de Mexico où des touristes innocents l'emmenèrent dans leurs bagages au Chili, en Argentine, au Brésil, et même à New York dans la valise à roulettes d'un grand Américain qui avait marchandé une statuette en faux porphyre de Quetzalcóatl, *made in China*, qu'un vieil Indien aux mains sales avait emballée dans un journal espagnol. L'Amérique du Nord fut touchée et, de Kennedy Airport, le reste du monde, de Londres à Hong Kong ou Megève. « Préparons-nous au pire », dit à Paris la baronne Bachelot, chargée de nos santés par une décision de Sa Majesté.

La baronne avait grand air, tout sourires et rondeurs assumées. Compagne d'un baryton d'opéra, les huissiers du ministère la surprenaient parfois, derrière son bureau doré, qui fredonnait en sourdine Puccini, Mozart ou Barbelivien. C'était, avec une taille courte, une femme sans trop de rouge, sans rubans, sans dentelles ni aucune sorte d'ajustement, vêtue de rose en tout temps, portant des chaussures fluos de plage dès les beaux jours. Elle menait haut la main son personnel de fonctionnaires, ayant conservé toute sa vie elle-même une réputation malgré des manques et des bévues à chacun des postes où elle fut désignée. C'était la personne du monde qui s'embarrassait le moins, et qui trop souvent embarrassait le plus la compagnie. Aussi, face à l'épidémie, elle en fit trop par crainte de n'en point faire assez, refusant d'imiter un ancien collègue qu'on vit prendre le frais dans les Alpes tandis qu'une affreuse canicule ravageait les maisons de retraite dont il avait la surveillance. Selon le principe moderne de précaution, la baronne *ouvrit son parapluie* pour ne point subir des reproches d'incurie Tout de suite, avec des mines de croque-morts, les porte-voix de son ministère évoquèrent cette grippe espagnole qui, au lendemain de la Grande Guerre, causa la mort de Guillaume Apollinaire et de trente millions d'Européens. Il s'agissait du même virus, déjà réveillé en 1976 pour frapper une base américaine du New Jersey avant la Russie et la Chine. Nos cheveux se dressèrent sur nos têtes quand nous apprîmes que l'infâme virus, à la fin août, avait quarante-quatre victimes à son tableau de chasse tout à côté de l'Europe, en Angleterre. Il n'avait plus qu'à agresser un usager du ferry de Calais pour venir nous infecter. Il allait nous exterminer, d'abord les nourrissons, les femmes enceintes, les vieillards si fragiles ! La baronne Bachelot envisageait trente mille décès en France, quand la grippe ordinaire dont on ne parlait jamais ne tuait chaque année que trois mille de nos concitoyens. Là-dessus, un jeune homme expira à Saint-Etienne après avoir dévoré une côtelette de porc grillée ; son cas fut exhibé sur les fenestrons, les ondes, les gazettes, et cela fit mousser le risque et l'effroi. Fort heureusement, la baronne avait étudié la pharmacie et se fiait aux richissimes laboratoires qui déversaient leurs onguents miraculeux et leurs pilules salvatrices sur la terre entière (à condition que ses clients fussent solvables). La baronne ne se contint plus ; soutenue par des conseillers qui connaissaient ces industriels à l'intime, elle paya sans broncher, à la signature du contrat, huit cent huit millions d'euros à quatre de ces firmes, et la voilà avec quatre-vingt-quatorze millions de doses sur les bras. Que l'épidémie se développe, disait-elle, nous sommes prêts. Son ministère répandit ensuite des conseils avisés pour se prémunir des miasmes : lavez-vous les mains sans cesse, au savon ou à l'alcool dilué en flacons, éternuez dans votre coude pour capturer le virus et ses petits nichés dans les crachotements, n'usez qu'une seule fois vos mouchoirs en papier car au bout de trois fois autant se vider le nez dans ses doigts ; la baronne commanda en plus un milliard de masques jetables pour se protéger le museau et garantir les autres des postillons putrides. Les sceptiques demandaient : « A quoi reconnaît-on le virus du cochon ? En quoi diffère-t-il de nos virus ordinaires ? » La baronne répondit avec la même fermeté que ce *Manuel du soldat*, qu'il fallait apprendre en entrant dans l'armée, et qui, à la question : « A quoi reconnaît-on un espion ? » répondait tout sec : « On ne reconnaît pas un espion. Il peut être n'importe qui. » A la question : « Quelle est la principale caractéristique du virus du cochon ? », elle répondit : « On ne le reconnaît pas, il est imprévisible. » Une vague de frousse entretenue déferla sur le pays. Au malheureux qui avait l'imprudence de tousser dans un wagon du métropolitain, les voyageurs sains ordonnaient : « Sortez ! » — « Vous nous contaminez ! » A Nantes, un inventeur créa un nouveau modèle de poignée de porte anti-mains-sales, qu'on tournait avec les avant-bras ; il en vendit au Brésil, au Koweït, en Espagne, en Belgique...

Alors le comte Chatel, qui s'occupait des écoles de Sa Majesté, intervint avec finesse. Il savait qu'au Mexique, afin que la grippe ne se développât point, les stades ou les restaurants avaient fermé, et les écoles aussi. Il décida illico qu'il suffisait que trois enfants éternuassent pour fermer leur collège. Il mit en scène la quarantaine d'une colonie de vacances savoyarde, Les Marmousets, et on ne vit plus les enfants retenus que de loin, à un balcon.

Il est bon de dire un mot du comte Chatel puisqu'il se trouve naturellement sous la main. Il était boudin de figure, soit sans attrait remarquable, le cheveu rebelle même aplati, une allure bonhomme et une voix sans intonations. C'était un courtisan d'apparence simple, né outre-océan dans le Maryland mais originaire de Bayard-sur-Marne, une terre maintes fois désolée par les invasions barbares qui conférait à ses habitants une modestie dans la mise et les mots. Son père était amiral et sa mère professeur de danse, desquels il tenait à la fois l'art de naviguer malgré la houle et un certain sens de l'entrechat. Lycéen des beaux quartiers, chez les jésuites parisiens, il y acquit la façon de ne point répondre droitement aux questions qu'on lui posait, mais par le biais ou les silences, ce qui lui valut de porter la parole du Parti impérial. Comme il avait travaillé un temps dans l'industrie des cosmétiques, il excellait dans le replâtrage et le coloriage de la réalité qu'il s'agissait de rendre jeune et pimpante, qu'elle fût angoissante ou morose.

Le comte entra en politique où il passa sans férir, grâce aux qualités ci-dessus mentionnées, de l'emploi à l'économie, à la consommation, au tourisme, de l'industrie à l'école sans avoir le loisir de rouiller. Il fut partout laborieux, curieux, discret, et personne n'était si naïvement plaisant, personne plus continuellement divertissant, sans jamais vouloir l'être, lorsqu'il répondait aux gazetiers au nom de Notre Ploutocratique Leader. Bref, cet homme de si bonne compagnie réussit bientôt dans une Cour où il ne pouvait faire envie à quiconque.

Selon ses dires, le comte aurait volontiers été vigneron s'il n'avait point servi la cause de Notre Adorable Autocrate, mais, comme nous allons le voir, lui restait plutôt du terroir la subtilité d'un bûcheron. A ce propos, je parlerai légèrement ici sur une aventure qui, entée sur quelques autres, fit du bruit quelque soin qu'on prît à l'étouffer. Lorsqu'il remplaça un chevalier d'Arcos sorti de l'Education sous les sifflets des professeurs dont il projetait de réduire énormément le nombre, en demandant aux épargnés un surcroît de travail, le comte Chatel se voulut ouvert des oreilles, prompt aux rencontres cajoleuses, prêt aux arrangements avec l'air patelin du directeur des relations humaines qu'il fut. Un matin, après avoir averti de sa venue, il se rendit dans un supermarché de

Villeneuve-le-Roi pour vanter les prix des fournitures qu'il avait bloqués avant la rentrée des écoliers. Un petit paquet de gazetiers l'attendait avec des chambres noires, des microphones et des stylos ; une dizaine de mères de famille très ressemblantes, arrivées dans un même coche, avaient rempli leurs paniers de cahiers, écritoires, plumes et encriers de mauvaise qualité mais à bas prix. L'une d'elles, qui semblait mener ce groupe de clientes enjouées, remercia le comte :

— Noble ministre, dit-elle, je suis en vacances au bord de la Marne et j'en profite pour faire mes emplettes scolaires…

— Alors vous avez remarqué que les prix des *essentiels de la rentrée* ont baissé cette année de 1 à 3 % ?

— Admirablement, Monseigneur !

Des gazetiers fouineurs surent bientôt qu'il s'agissait d'une conseillère municipale de la commune voisine, dont le maire était proche du Parti impérial. Quand les clientes modèles repartirent après le comte Chatel, sans avoir rien acheté et en abandonnant leurs paniers de fournitures devant les rayons, certains malotrus crièrent au théâtre. L'an passé, vers la même date, la duchesse émérite de Lorraine, Mme de Morano, avait déjà recruté des militantes dans un magazin Carrefour de Marseille où elle pérorait. D'autres se souvinrent de M. Stirn, ministre du Tourisme dans un autre temps, qui avait engagé des jeunes chômeurs pour trois cents francs chacun, afin qu'on le vît parler devant un auditoire fourni. Le comte Chatel nia fébrilement avoir monté une pareille saynète, mais son aventure cocasse courut jusqu'à la poubelle électronique du *New York Times* ; chacun se gaussa, sauf Sa Majesté, furieuse, qui ne demandait au comte que de tenir les lycéens afin qu'ils ne manifestassent point dans les rues. Notre Egocentrique Monarque n'avait pas de mémoire, car lui-même avait pratiqué et pratiquait ce type d'exercice, et récemment encore, quand, pour le rehausser à l'image, on déguisa les agents de maîtrise d'une usine qu'il visitait en ouvriers sages, et quand, surtout, ils furent triés en fonction de leur taille, laquelle ne devait pas excéder d'un centimètre celle assez basse du Prince. Nous le sûmes grâce à une enquête de gazetiers belges qui eut un succès sur les fenestrons.

Si le comte Chatel niait la comédie qu'on lui prêtait, il nia dans la foulée et sur ordre les extravagances de son Foudroyant Souverain ; à cette histoire d'ouvriers calibrés de l'usine Faurecia, dans l'Orne, le porte-parole impérial répliqua en levant d'indignation un sourcil : « Ridiculement grotesque ! » Grotesque, ça l'était et ne constituait en rien une réponse habile, mais il récidiva dans ce registre définitif en affirmant : « Absolument faux ! » lorsque le Prince se rendit à Paul-Brousse pour y fêter au mousseux la deux mille cinq centième greffe du foie. Non ! disait le comte, cette visite ne coûta point deux cent mille euros à l'hôpital, soit le salaire annuel des huit infirmières qui manquaient, faute d'argent. Cependant les médecins récalcitraient parce qu'il avait fallu annuler les consultations, et boucler l'établissement de six heures du matin à deux heures de l'après-midi afin d'assurer la sécurité du Précieux Monarque en établissant, comme partout autour de lui, un grand périmètre de vide. Et la ministre de nos santés ? Au lieu de se pencher sur le problème du personnel médical, la baronne Bachelot préférait distiller la panique puisque la population était rétive à son vaccin. Elle venait justement d'apprendre qu'au Chili un éleveur grippé du nez avait contaminé son troupeau de dindes, et elle citait une terrifiante observation d'experts mondiaux en volailles : « Si le virus, pour l'heure endormi dans nos contrées, doit muter, il le fera en trouvant asile chez les oiseaux. » Après le jambon, le poulet rôti et la dinde aux marrons devenaient des vampires.

Ce que le comte Chatel ne sut désamorcer, en dépit de son talent verbal, ce fut une boutade malencontreuse de M. Brice d'Hortefouille qui, enregistrée en douce mais diffusée en large, jeta tout le monde dans le plus grand étonnement : la rage pénétra les uns, et jusqu'aux plus indifférents de la Cour et de la ville, le bon mot ne fut approuvé par personne. Il convient auparavant de préciser, pour ceux qui n'ont point eu la malchance de connaître le règne de Nicolas Ier, que M. d'Hortefouille n'était pas n'importe quel péquin ; roux de poil et roussi du bulbe, au teint vite écarlate par les joues, ce fils d'un banquier de Neuilly était devenu Prince de Beauvau, généralissime des polices impériales, Grand Contrôleur des fiches, des écoutes et des frontières, surtout, depuis ses études à Saint-Jean-de-Passy, un très proche de Notre Piaffant Potentat, lequel lui ménagea dès l'école un strapontin près de lui, tant était immense son admiration soumise. Aussi, chacun des propos de M. d'Hortefouille était-il étudié à la loupe, parce qu'il était le plus ancien souffre-douleur et le plus fidèle perroquet de Sa Majesté.

Qu'avait dit M. d'Hortefouille ?

Trois fois rien mais déjà trop. Le fâcheux événement eut lieu un soir, lors de l'université d'été du Parti impérial, à Seignosse, dans les Landes, à côté du stand des jeunes adeptes de Notre Soufflant Monarque. L'un de ces jeunes, dont le père était algérien, sollicita une photo à côté de M. d'Hortefouille, qu'il vénérait pour sa proximité du trône. Une caméra de Public Sénat était allumée. On entendit des voix qui appartenaient à des militants impériaux et commentaient la présence du jeune d'origine algérienne :

— Ça, c'est l'intégration.

— Lui il parle arabe, hein (*rires*).

— Il est catholique, dit la secrétaire des impériaux landais, il mange du cochon et il boit de la bière.

— Alors il ne correspond pas du tout au prototype, dit M. d'Hortefouille (*rires*).

— C'est notre petit Arabe, ajouta une impériale d'environ cinquante ans. On l'aime bien.

— Il en faut toujours un, reprit M. d'Hortefouille. Quand il y en a un, ça va. C'est quand il y en a beaucoup qu'il y a des problèmes (*rires*).

L'enregistrement fut repris sur les fenestrons électroniques ; il indigna, on cria contre, des associations traitèrent le Prince de Beauvau de raciste. Celui-ci, un moment déséquilibré, rétorqua qu'en vérité il parlait des Auvergnats dont il était lui-même, mais sans convaincre. Son bureau s'empressa de lancer un communiqué : « C'est une vaine et ridicule tentative de polémique. » Le Premier des ministres dut sortir de son autisme coutumier pour tonner contre une campagne de dénigrement assez scandaleuse. Comme cela n'étouffa point les grognes, les gens du gouvernement de Sa Majesté y allèrent de leurs couplets. Le cardinal de Guéant se fatigua peu en lançant : « C'est très facile d'isoler quelques mots et de clouer quelqu'un au pilori ! » Un ministre jura que son ami d'Hortefouille n'avait jamais proféré le moindre propos raciste ; celui des Armées et le Transfuge Besson employèrent la même expression : « Le chef des polices est tout pétri d'humanisme », confondant à dessein M. d'Hortefouille avec M. de Montaigne. Quant au général baron de Vedjian, il avait autrefois souffert de l'indiscrétion d'une caméra pourtant visible, lorsqu'il avait traité une concurrente de salope ; il se souvint de son métier d'avocat en plaidant de la sorte : « Les hommes politiques sont devenus des cibles ! La frontière entre la vie privée et la vie publique s'efface de plus en plus. » Certes, mais dans le cas de M. d'Hortefouille les mots furent dits en public et non point dans une alcôve. D'autre part, notons pour la justice que Sa Majesté elle-même fit tout, dès son accession au trône, pour gommer cette utile barrière en offrant ses femmes et ses enfants en pâture aux gazettes ; sous le règne du roi Mitterrand, même si la plupart des libellistes savaient l'existence de sa fille secrète, ils s'abstenaient par correction d'en parler. L'affaire d'Hortefouille, qui révéla le poisseux d'un grand commis de l'Empire, prouvait que l'on pouvait avoir vécu sa jeunesse dans la douillette cité de

Neuilly et rester profondément gras ; cette observation valait d'ailleurs pour Notre Sautillant Souverain. Seule la Princesse Rama, laquelle appartenait cependant à la Cour, fit la moue en jugeant mal placée la blague du chef des polices.

M. Paul Lafargue, en 1886, publia dans une feuille de gauche, *Le Socialiste*, un long texte acide contre la religion du Capital. On y lisait entre mille choses cette maxime : « Le travail éreinte, tue et n'enrichit pas : on amasse de la fortune, non pas en travaillant, mais en faisant travailler les autres. » L'affirmation paraissait indémodable ; pour l'illustrer et lui donner ses couleurs actuelles, rien n'était plus aisé. Il y avait à cette époque une épidémie de suicides chez les salariés d'un ancien service public sciemment détruit et qui, vendu à des personnes privées réunies en groupe, perdait son âme avec ses méthodes. Hier, cette entreprise de téléphonage d'Etat n'avait point de bénéfices en vue mais la seule satisfaction de ses usagers, lesquels devenaient des clients ; il ne suffisait plus d'être efficace, il fallait devenir rentable. En remplaçant la République par une bande d'actionnaires, qui réclamaient leurs dividendes, France-Télécom devait réduire ses coûts en éliminant des employés. Les délégués du personnel chamboulé nommaient cela « le management par la peur ». Le jeu consistait à fissurer le moral des troupes trop nombreuses et pousser chacun au bout de ses nerfs, jusqu'à la dépression souvent, jusqu'au suicide plusieurs fois en peu de mois. Remontrances permanentes, objectifs de ventes fantaisistes, changement d'activité, de service, de ville, sites fermés et employés expédiés au loin, familles détruites, avenir noir : Stéphanie se jeta du quatrième étage, un technicien se poignarda en pleine réunion, à Troyes ; d'autres se pendaient ou s'empoisonnaient ; un homme de cinquante et un ans, en Haute-Savoie, se lança d'un pont. Le directeur de ces malheureux appelait leurs détresses une mode. En Chine, grand pays de plus de un milliard d'esclaves, on déployait des filets sur les façades pour que les travailleurs ne se jetassent point par les fenêtres, et dès l'embauche ils devaient signer un papier où était écrit : *Même si mes conditions de travail sont abominables, je jure de ne pas me tuer.* « Ah ! la chouette idée ! songeait Notre Prince Vaillant. Y sont fortiches, les Chinetoques ! »

Le Frémissant Souverain, désireux de vendre nos techniques à l'Empereur de Chine, n'avait plus à l'égard de celui-ci que des louanges. Fini les doutes humanitaires d'une poignée maigre de ses proches, au début de son règne : minorités turbulentes au sous-sol riche, Ouïghours ou Tibétains n'avaient point de monnaie solide pour acheter nos avions, nos trains et notre verroterie, alors, qu'ils fussent étripés, étranglés, empoisonnés, brûlés, battus et abattus, tranchés en rondelles, exterminés, cela ne pesait rien aux yeux torts du commerce mondial qui régentait les hommes ; ces misérables n'existaient qu'à peine, par la grâce du folklore et des agences de voyages, lorsqu'ils jouaient de la flûte devant un parterre de touristes en bermuda et sandalettes. En revanche, la Chine de l'Empereur Hu, quel pays dynamique ! Quel gisement de dollars ! Quel exemple pour les mal-embouchés qui chez nous rechignaient au travail forcé ! A Pékin, à Shangaï, les ouvriers ne bronchaient guère quand ils trimaient à la chaîne douze heures par jour, avec un salaire minuscule à la clef, mais ils avaient la bonne fortune d'être hébergés à même les entreprises, non distraits par leurs familles, et ils se posaient seuls chaque nuit dans des dortoirs en forme de pierre tombale. Parfois, après ses petites foulées matinales et son yaourt, un instant couché à l'ombre d'un bonzaï dans le parc du Château, Notre Truculent Potentat rêvait avec admiration au très ancien Shih Huang-ti, lequel n'avait aucunement hésité à sacrifier une génération entière, dont la plupart des lettrés, par nature insolents, afin d'édifier les deux mille quatre cents kilomètres de la Grande Muraille, sur laquelle butèrent un temps les barbares des steppes. Les Chinois devenaient pourtant moins larvaires avant de devenir moins corvéables, c'est-à-dire moins exemplaires. Au Guangdong, les travailleurs de Honda se mirent en grève afin d'obtenir une hausse décente de leurs salaires, qu'on finit par leur donner, augmentant leur pécule mensuel de 29 %, et cela encouragea le mouvement dans d'autres usines d'objets occidentaux. Ces fous réclamaient en outre des syndicats libres, mais Notre Magnifique Seigneur ne s'arrêtait point à ces broutilles, la très efficace armée de l'Empereur Hu remettrait de l'ordre, et puis il préférait parler aux maîtres que se pencher sur le sort des besogneux. Quoi qu'il en fût, Notre Intense Leader aimait à se faire reluire à l'étranger, et cela seulement, ce qui le dispensait d'écouter trop le mécontentement grandissant de ses propres sujets et d'expliquer la mise en veilleuse de quelques projets. Malgré de multiples escapades au-dehors de nos frontières, afin de tripoter les hauts dirigeants du monde qu'il pensait réunis par sa seule initiative, lors de réunions d'où rien ne sortait, Notre Teigneux Monarque montrait ses humeurs chagrines.

On s'en aperçut à New York.

Rendu aux Amériques où devait se tenir l'un de ces sommets qu'il affectionnait, où il figurait au premier rang de la photo de groupe, mais tout au bout, entre un chef africain cravaté et un brahmane en turban, le Prince se laissa aller vilainement et ne sut contenir sa bile. L'affaire vaut d'être contée parce qu'elle reflétait à la perfection le fond noirci de son âme. Pour mieux profiter de son séjour loin du Château, le Prince avait convoqué nos deux principaux fenestrons afin qu'ils l'interviouvassent à l'heure où les Français se mettaient à table pour le dîner et que, devant leur soupe, ils pussent recevoir la bonne parole sans se sauver. Si l'émission eut d'abord de la hauteur, ce ne fut point au calme maîtrisé de Notre Sereine Majesté qu'on sentait bouillir du dedans, mais à la position élevée du studio, au quarante-quatrième étage d'un gratte-ciel de verre. Notre Universel Despote ne parla point comme il était prévu de l'avenir de la planète, sur quoi les chefs du monde étaient en désaccord permanent, mais de son actualité. A l'issue de l'exercice, si longtemps contenu le Prince explosa au nez de Mademoiselle de Chabot, qui supervisait alors les programmes du fenestron public :

— Trop de brouhaha dans vos émissions ! criait Sa Majesté. Pas de temps laissé aux politiques !

— Pas du tout, Sire, dit Mademoiselle de Chabot. Il n'y a jamais eu autant de place donnée aux politiques.

— Pas assez pour le Parti impérial !

— Sire, répliqua courageusement Mademoiselle

de Chabot, les temps de parole sont réglementés afin que chacun pût en profiter...

— M'en fiche, de ça! rugit Notre Cinglant Potentat.

Comme il savait le faire sur commande, il alimentait sa colère à sa colère, braillait, s'agitait, menaçait, citait en exemple des émissions vieilles d'un quart de siècle; les fenestrons lui appartenaient et il ne voulait y voir que lui. S'était-il rendu compte de la faute qu'il avait commise, et n'était point un lapsus mais un mot d'ordre, lorsqu'à une question sur le procès en sorcellerie contre M. le duc de Villepin, qui venait de s'ouvrir enfin après des années de persécution, il décida que les coupables devaient maintenant être jugés. Les coupables. Notre Stupéfiante Majesté ne parlait pas des prévenus, M. le duc et une poignée de nuisibles hérétiques, mais de coupables qu'il avait déja jugés, lui, à l'instar de M. Colonna, un berger corse accusé d'avoir tué un Préfet mais qui le niait: sur décision du Prince, ce berger croupissait sans preuves dans un cachot de la Bastille; la pratique des lettres de cachet revenait en force. Si les gazetiers ne relevèrent point aussitôt la bourde impériale, si révélatrice, il y eut des honnêtes gens et des avocats pour huer Notre Inconscient Monarque. Le Parti impérial lâcha deux de ses aboyeurs pour mordiller les rebelles.

Le chevalier Le Febvre inventa une maxime sans fondement : « Les coupables sont toujours parmi les prévenus », mais cela n'avait rien d'évident ; puis le baron Bertrand, chef nommé des troupes rapprochées, s'enfonça dans la mauvaise foi avec son talent ordinaire : « Est-ce qu'un seul nom a été cité par Sa Majesté ? Non ? Alors où est le problème ? » Le problème était en Sa Majesté elle-même qui entendait confondre sa personne avec la Justice.

Devant la porte épaisse de la Première Chambre Ardente de l'hôtel de Justice, à Paris, les perches des microphones penchaient vers M. le duc de Villepin comme les lances accumulées par Paolo Uccello dans sa *Bataille de San Romano* autour de Micheletto da Contignola, lequel avait débordé par le flanc les ennemis de Florence. M. le duc avait le teint hâlé, la chevelure d'argent, une taille si haute qu'elle lui permettait de dominer l'assistance sans le rehaussement d'une tribune, ce qui agaçait fort Notre Courte Majesté. De son verbe sonore et ferme, avec un accent de fureur solennelle, M. le duc livra d'emblée le programme du spectacle et son enjeu : « Je suis ici par la volonté d'un homme, je suis ici par l'acharnement d'un homme, Nicolas Ier. J'en sortirai libre et blanchi au nom du peuple français. » Puis, sous les applaudissements des badauds qui l'attendaient depuis l'aube, escorté par sa famille grande et blonde, M. le duc pénétra gravement dans la salle des procès dont le décor en bois ciré était posé pour impressionner le vulgaire. Il dut s'asseoir sur une mauvaise chaise de plastique noir, posée en contrebas des juges aux robes héritées du Moyen Age.

Cette affaire que nous avons racontée dans notre première Chronique arrivait, semblait-il, à son terme. Elle avait depuis longtemps viré au règlement de comptes personnel entre le Prince et un si notable personnage que M. le duc. Le premier accusait le second d'avoir construit cinq ans plus tôt une cabale pour contrarier son chemin vers le trône, en falsifiant une liste bancaire où, parmi une ribambelle de politiques variés, d'industriels de l'armement, de Russes, d'espions, d'affairistes et de mannequins, on trouvait par deux fois la trace du Prince, mêlé de la sorte à des comptes secrets cachés au Luxembourg, un pays frontalier du nôtre où l'argent sale travaillait en paix. Dans cet embrouillamini financier, inventé pour tuer des réputations, Notre Irascible Leader ne voyait que lui, les autres étant réduits à une sorte de corps de ballet pour le mettre dans la lumière. Deux observations auraient eu cependant de quoi chiffonner les curieux. D'abord, ce type de compte discret ne mentionnait par principe que des codes ou des sigles de sociétés, souvent maquillés, mais jamais aucun nom de particuliers ; ensuite, seul le Prince n'y figurait point sous son nom d'usage mais, par deux fois, sous des patronymes familiaux peu usités ou mal connus du public. Nous devons ajouter que le Prince avait appris l'existence de cette liste fâcheuse dès son origine ; en excellent spécialiste du coup fourré, le baron Pasqua l'avait avoué devant des juges. Que fit alors Notre Immense Stratège ? Rien. Il n'avait pas bronché afin de laisser la machination suivre sa course et mieux piéger ses adversaires, dont M. le duc de Villepin, lequel s'était contenté de demander à un sbire de partager le vrai du faux. Sitôt révélée par les gazettes, la liste farfelue ne causa de tort à personne ; toutefois, quand il se fut coiffé de la couronne impériale, Notre Mesquin Seigneur n'usa point de cette clémence que réclamait son nouveau rang, bien au contraire il insista dans sa plainte et, renforçant son courroux, répéta que le principal faussaire, l'âme du complot de lèse-majesté, serait pendu à un croc de boucherie, comme en leur temps Cola di Rienzo à Rome ou M. Mussolini quand il fut déchu. Chacun savait que, disant ces choses sanglantes, Notre Prince Jaloux visait M. le duc qui l'avait défié de toute son allure et se prévalait d'un bilan de Premier des ministres du roi Chirac, car il chantait partout que grâce à son action, en deux années à peine, il avait fait baisser de six cent mille le nombre des chômeurs et de vingt milliards d'euros le déficit du pays. La haine de Sa Paranoïaque Majesté avait d'autres sources. M. le duc n'aurait-il point voulu l'atteindre en essayant de diffuser dans des feuilles mondaines un portrait de l'ancienne future impératrice Cécilia, nue au bord d'un bassin ? N'aurait-il point fait parvenir à celle-ci de faux rapports de police qui narraient les frasques du Prince pour briser leur couple avant l'élection impériale ? Devenant à la fois l'accusateur et, par sa fonction, le juge suprême, Sa Majesté rendait l'affrontement inégal, ce qu'aucun courtisan n'osa relever, et le Grand Inquisiteur Marin put mettre en scène la coûteuse comédie du procès.

Ce Grand Inquisiteur était austère, glacé, avec sa robe d'apparat, sa cravate large et plissée comme une aile de raie ; les poils drus de ses sourcils durcissaient son regard de proie. C'était moins un homme qu'une statue. Il avait monté les degrés qu'imposait le Code, dont il savait par cœur les articles afin d'en jouer de manière imparable. Que pouvait-on lui reprocher ? Ses convictions le protégeaient, qui se résumaient au Droit. Le Droit, disait-il, il n'y avait que le Droit.

— Votre Grandeur, lui demandait-on, pourquoi

avez-vous maintenu si longtemps à la Bastille le jeune Coupat, lavé depuis du soupçon de sabotage d'une voie ferrée ?

— C'était fondé en droit !

— Votre Magnificence, pourquoi avez-vous classé l'enquête sur l'immobilier mal acquis de princes africains aimés du Château ?

— C'était fondé en droit !

— Votre Sollicitude, pourquoi avoir classé idem la plainte contre le comte Pérol, fraîchement nommé à la tête d'un groupe de banques, quand il était encore conseiller économique de Notre Gracieux Souverain ?

— Fondé en droit ! vous dis-je.

— Maintenant, Noblissime Pinocchio, vous orientez vos réquisitions contre M. le duc en l'accusant avec bizarrerie de *complicité par abstention volontaire, assimilable à un acte positif.*

— Fondé aussi en droit !

— Dans quel article du Code avez-vous déniché cette formule magique, Votre Gratitude ?

— Elle vient droit d'une jurisprudence !

— Et à qui s'appliquait cette jurisprudence ?

— Elle concernait un cabaretier accusé de n'avoir point calmé ses clients bruyants, installés en terrasse, qui troublaient le voisinage. Le Droit est formel là-dessus !

— Quel rapport avec M. le duc de Villepin, Votre Turpitude ?

— M. le duc n'a sans doute pas fabriqué la liste incriminée, mais quand il l'a eue entre ses mains il a flairé l'aubaine : n'était-ce pas le moyen d'abattre son rival et candidat au trône ?

— Le duc a vite appris la nullité de cette liste, ô Grand Infernal…

— Justement ! Il ne l'a pas fait savoir. C'est de l'entêtement, lequel constitue la base de son délit. Ponce Pilate ne peut rester impuni !

— Que Votre Servitude ne l'entende point en mauvaise part, mais vos conclusions penchent vers les vœux de Notre Etourdissant Despote…

— Votre propos m'inspire un mépris désabusé. Ce procès relève du droit commun, jugé par une juridiction de droit commun ! Je n'ai pas d'opinions politiques mais un devoir. Je connais ligne à ligne le dossier de M. le duc et ne me réfère qu'au Droit !

Le Grand Inquisiteur avait dû étudier le *Directorium inquisitorum* de Nicolas Eymerich, lourd in-octavo abrité au Capitole romain, dont les mesures affolantes servaient autrefois aux juges du Vatican. Il devait savoir que les a priori d'un souverain valaient condamnation, que les hérétiques étaient d'une adresse extrême à cacher leurs erreurs : « Ils savent jouer la sainteté et verser des larmes feintes, mais un inquisiteur doit se défendre contre ces artifices et supposer qu'on veut toujours le tromper. » Fort de son intransigeance, le Grand Inquisiteur donnait le ton et la farce put commencer.

Les séances s'enchaînèrent durant tout un mois et l'agitation y fut extrême jusqu'à l'indécence. Regards chargés et invectives se heurtaient, chacun tenait son rôle avec une telle perfection que cela frisait souvent la caricature. Si l'avocat de Sa Majesté fumait des Gauloises et appréciait la chanson française des années soixante, celui de M. le duc de Villepin préférait les cigares et l'opéra ; ils figuraient en exactes répliques de leurs clients. Le traître de la pièce, le faussaire avoué, qui se nommait M. Lahoud, avait la mine insignifiante et fausse, laquelle convenait à semblable panouille, quant au brillant M. Gergorin, auquel on avait attribué la défroque du corbeau, il jouait les ahuris bernés comme s'il n'était pas sorti de Polytechnique et n'avait jamais exercé au plus haut niveau de l'aéronautique. Un jour, comme M. le duc se défendait en attaquant, il parsema son discours de noms jusque-là oubliés, citant M. le cardinal de Guéant ou le ministre d'Hortefouille, parlant de leurs voyages en Arabie pour des contrats d'armement, supposant des intermédiaires vénaux, des commissions sous le burnous, des financements très politiques, ce qui pouvait nous faire parvenir au cœur du vrai sujet, mais ce fut le silence qui l'emporta et les juges passèrent à autre chose. Au fil des audiences, tandis qu'on déroulait l'affaire de la liste trafiquée, ou l'écheveau de multiples affaires, un brouillard de témoignages contraires tomba pour obscurcir à souhait la vérité : mais qui voulait la tête de qui ? Chacun accusait l'autre, s'emmêlait dans les dates et les faits, affirmait puis démentait.

Dans le registre divertissant, le bonhomme Rondot, dont le témoignage et les racontars lancèrent le procès de M. le duc, incarna l'un des plus beaux dialogues de la pièce qui fut fort apprécié du parterre. Cet homme était né pour la scène. Il se composa un personnage tout raide, avec la mise d'un général en retraite, ce que d'ailleurs il était, guindé, l'œil noble qui ne cillait point. Malgré sa figure très fermée et rude, taillée au couteau de peintre, qui affichait devant la rampe son sens de l'honneur bafoué, le bonhomme tenait du parasite en ce qu'il pratiqua comme un branquignol son métier d'espion ; voué au secret, il avait néanmoins pris l'habitude mauvaise de tout noter dans ses carnets, ragots comme choses entendues mais point toujours comprises si toujours interprétées. Il disait ne voir que par ses yeux, mais ses yeux ne voyaient jamais que les apparences et le laissaient dupe de tout. Avant la fausse liste, n'avait-il pas cru que le mythomane M. Lahoud, qu'il avait déjà rencontré, allait le mener à la cache de M. Ben Laden, qu'il rêvait de capturer ? Il comprit trop tard que la vantardise de M. Lahoud était une menterie. Le bonhomme Rondot sentit que dans le prétoire on le prenait pour un mauvais, il protesta : « Je suis militaire mais je n'ai pas le quotient intellectuel d'un pétoncle ! » L'avocat de M. le duc tenta de démontrer l'inverse en le cuisinant :

— Vous avez déclaré aux juges d'instruction que vos notes étaient impressionnistes…

— Je m'en suis expliqué pendant cent quarante heures et j'ai livré les bonnes traductions.

— Au moment où la fausse liste apparaît, M. le duc vous charge d'enquêter sur sa véracité. Lui avez-vous dit que vous enquêtiez déjà dessus depuis trois mois, pour le ministère de la Défense ?

— Bien sûr.

— Pourquoi n'est-ce indiqué nulle part dans vos notes ?

— Je prends en verbatim ce que j'entends, pas ce que je dis.

— Le ministère de la Défense était donc au courant avant M. le duc et n'aurait pas prévenu Notre Future Majesté ? Pour se dédouaner, ce ministère n'aurait-il pas détourné l'attention de

Notre Mirobolant Leader vers M. le duc, son rival naturel ?

— Je ne suis pas un homme de bureau, je suis un homme de terrain, répondit le bonhomme Rondot en se redressant davantage, les deux mains sur la barre.

Après des semaines d'une pareille *commedia dell'arte* le public avait compris que jouait sous ses yeux écarquillés une authentique troupe de comédiens, comme à l'époque de M. Molière où les Béjart, Du Parc, Brécourt, Du Croisy avaient chacun un emploi qu'ils maîtrisaient avant de se congratuler en coulisses et de compter la recette du jour. Les acteurs si typés qui pantalonnaient dans *Le Procès de M. le duc de Villepin* formaient mêmement une famille ; ils se fréquentaient dans les antichambres des palais, au Racing ou au golf, ils dînaient ensemble, nouaient de fructueuses relations, s'entraidaient à l'occasion, travaillaient parfois ensemble, se chamaillaient pour se raccommoder ; ils se connaissaient tous, même si aux audiences ils avaient souvent feint de s'ignorer ou de se découvrir. Ainsi M. le duc avait-il eu sous ses ordres ceux qui le jugeaient aujourd'hui, auxquels il envoyait des regards glaciaux et méprisants. La belle-sœur de M. le duc était la voisine d'immeuble du très menteur M. Lahoud, et leurs enfants étudiaient dans la même école active bilingue. Ce M. Lahoud, qui figurait au tribunal en pauvre hère qu'on manipulait, s'était introduit dans la haute société parisienne à la faveur de son mariage avec une énarque, fille d'un dignitaire du roi Chirac ; elle avait même dirigé le cabinet du duc de Chantilly, M. Woerth, quand il était aux Finances impériales. Embauché pour son savoir électronique par le précieux M. Gergorin, ponte de l'aéronautique, M. Lahoud avait donné des réceptions ou des cocktails, traité sur notes de frais dans des auberges gastronomiques des inspecteurs de la finance, des chefs de cabinet, des Premiers valets de chambre, des conseillers influents. Il prétendit avoir été présenté à M. le duc par son beau-frère, qui s'indigna de tant de fausseté, puis par deux fois à Sa Majesté mais il se rétracta comme tous ceux qui tentèrent de mêler Sa Majesté à de sales histoires. Il avait cependant eu des liens avec un très-proche de Notre Virevoltant Seigneur, le comte Pérol, celui-là même qu'épargna le Grand Inquisiteur. M. Lahoud aurait dîné quatorze fois avec ce conseiller. En contact avec le Château, par son intermédiaire, il aurait fort bien pu rajouter dans sa liste crapuleuse le nom de Sa Majesté sur un ordre de Sa Majesté elle-même : dans le féroce grand monde parisien, tout était possible ; on y trouvait si facilement des tueurs.

Lorsque arriva le dernier acte de la représentation, le Grand Inquisiteur réclama des peines de prison, dont une avec sursis pour M. le duc. Le tribunal devait se prononcer dans quatre-vingt-quinze jours, le 28 janvier qui, par un magnifique hasard, tombait le jeudi d'anniversaire de Notre Ténébreux Leader né sous le signe du Verseau. M. le duc de Villepin en fut-il affecté ? Non point. Il avait gagné quel que fût le verdict. Condamné, il dénoncerait l'inanité d'une justice aux ordres, gracié il rappellerait les inutiles années de persécution qu'il avait subies avec sa famille. Coupable au début, M. le duc posait maintenant en victime. Victime au début, Sa Majesté devenait bourreau.

Nous l'avons mille fois constaté, Notre Truculent Tyranneau ne prenait jamais que des décisions de théâtre, tant il avait appétit des projecteurs ; les nominations de nouveaux courtisans, jamais gratuites, se déroulaient sur scène, où il les montrait domestiqués sans qu'il fût utile de recourir au fouet du dompteur puisqu'une récompense, une croix, un titre, un sucre suffisait afin qu'ils exécutassent leurs tours. Nicolas Ier, Délicieux Monarque, sentait à l'automne de 2009 qu'il avait un besoin vital de marquis pour égayer son troupeau de ministres austères, gaffeurs ou transparents, et satisfaire en même temps le peuple. Pourquoi des marquis ? M. Molière l'avait déja expliqué en termes précis il y avait trois cent quarante-six ans : « Oui, toujours des marquis. Que diable voulez-vous qu'on prenne pour un caractère agréable au théâtre ? Le marquis aujourd'hui est le plaisant de la comédie ; et comme dans toutes les comédies anciennes on voit toujours un valet bouffon qui fait rire les auditeurs, de même, dans toutes nos pièces de maintenant, il faut toujours un marquis ridicule qui divertisse la compagnie. »

A la Cour, dès que le rideau tombait sur un drame, il devait se relever sur une turlupinade. Or, Notre Roublard Souverain avait nécessité de trouver un marquis capable de plaire pour le hisser à la Culture et le nommer marquis de Valois, ainsi nommé à cause du palais qu'il devait habiter rue de Valois, et dont les fenêtres s'ouvraient sur l'ancien parking du Palais-Royal où avaient poussé, sous M. Lang, ces colonnes tronquées de Buren sur lesquelles venaient s'asseoir les touristes japonais.

Monsieur Fredo fut choisi pour le rôle.

Il fut nommé sans passer la moindre audition, d'abord à cause de son oncle, l'ancien roi qu'avait choisi la Gauche, et quand il monta sur le podium pour haranguer les jeunes impériaux des Landes, avec un phrasé en musique de film pour accompagner ses lents alexandrins, ceux-ci scandèrent : « Mitterrand ! Mitterrand ! » Une semaine plus tard à La Courneuve, pendant la fête des communistes où il avait voulu se rendre pour afficher son éclectisme, il reçut des quolibets et, dans le chahut, d'autres jeunes lui criaient : « Mitterrand dehors ! » ou « Mitterrand vendu ! ». Sa Majesté se réjouit d'entendre acclamer par son camp le nom de Mitterrand que la Gauche conspuait ; cela avait la douceur d'une revanche, et si le récent marquis de Valois se rendit en Avignon pour assister à *Angelo, tyran de Padoue*, il ne fallait point y voir une allusion à son nouveau maître, mais plutôt un émerveillement devant le texte de M. Victor Hugo. Même s'il était issu des milieux artistiques, le marquis de Valois n'était pas un transfuge puisqu'il n'avait jamais voté à Gauche, ou seulement par admiration pour son oncle, entre son admiration pour Charles Ier de Gaulle, le roi Chirac et Notre Essentiel Potentat.

L'homme ressemblait à un grand héron mélancolique, tout à la fois retenu et dandy, scintillant et spontané au point de venir en scooter au Château afin de bien indiquer que son poste tout frais ne lui tournait point la tête. Il fut également nommé parce qu'il était connu du large public des fenestrons où il officia en présentant des familles régnantes et des stars d'Hollywood trop tôt disparues, d'Ava Gardner à Grace Kelly. Ce fut à cause d'un sien portrait de M. le marquis d'Ormesson, un homme de plume et de salons qui ne s'apparentait à M. de Voltaire qu'au physique, qu'il fut convié à dîner dans son hôtel de Neuilly ; il s'y trouva assis dès les potages aux côtés de Notre Impétueux Monarque et de Madame, ci-devant comtesse Bruni et artiste elle-même à ses heures. Ils passèrent la soirée en plaisanteries fines et en rires distingués, ce qui délassa Notre Prince, lequel pria Monsieur Fredo de le venir voir au Château pour parler mieux des fenestrons qu'il entendait rénover afin de servir à sa gloire. Peu de jours après, Monsieur Fredo se vit à la tête d'une commission impériale, d'où il se retira quand M. le cardinal de Guéant voulut lui imposer des parlementaires ; il envoya illico à Sa Majesté une carte postale à l'effigie du chien stupide de Lucky Luke, avec ces mots : « Sire, je ne veux pas être le Rantanplan de Votre Majesté. » Sa Majesté en fut radieuse pendant une dizaine de jours, et montrait la carte à chacun : « Regardez ce que ce fou de Mitterrand m'a envoyé ! »

Peu après, encore, Monsieur Fredo fut désigné pour piloter la villa Médicis, cette enclave de la France à Rome ; le choix fut décidé en famille au Château, avec l'approbation de Madame qui espérait régner sur les artistes auxquels elle pensait appartenir. Là-bas, si loin de la Seine, Monsieur Fredo s'enferma une semaine dans sa chambre, puis un mois à l'intérieur de ce palais qui dominait la ville, comme les pensionnaires dont il avait la charge ; ils vivaient cloîtrés et mangeaient ainsi que des moines, à heures fixes et en silence autour d'une longue table. Puis Monsieur Fredo se ressaisit, il ouvrit la villa aux Romains qui purent la visiter, organisa un bal, planta des oliviers, rafistola les statues, donna en cérémonie une médaille à M. Francesco Rosi qui nous offrit au début des années soixante un juste et cinglant pamphlet sur le mariage dégoûtant du pouvoir et de l'argent, *Main basse sur la ville*. Monsieur Fredo, après une année un brin neurasthénique à Rome, petite ville provinciale où les grands hommes ne vivaient plus qu'en peinture, annonça avec exaltation que Sa Majesté le pressait de s'emparer de la Culture, et il fit cette déclaration avant celle plus officielle du Château, ce qui fut pris pour de l'enthousiasme aux dépens du protocole. Le nouveau marquis de Valois savait-il alors que sa vie, entre deux réceptions, allait devenir monotone ? Sur son bureau l'attendaient des dossiers techniques peu attrayants : comment se débrouiller de l'obligatoire compression du personnel, dans son propre ministère ? Comment s'occuper en souplesse du déménagement en Seine-Saint-Denis des Archives nationales, et de l'Institut d'archéologie à Reims ?

Comment réorganiser le théâtre sur tout le territoire et sans un sou? Le marquis de Valois était condamné à devenir une sorte de gratte-papier auquel ne manquait plus que des manches de lustrine façon Maupassant, quand, par miracle, le spectacle vint à lui. Il se précipita sans réflexion devant les caméras lorsqu'il apprit qu'à Zurich la police avait arrêté l'un des plus originaux et des plus reconnus parmi les auteurs du cinématographe, M. Polanski, pour détournement de mineure. Une centaine des confrères de celui-ci avaient lancé une pétition pour exiger sa libération; un dimanche, sur les ondes périphériques d'une station privée fort écoutée, le marquis de Valois retrouva ses accents de tragédien ulcéré pour s'indigner à son tour: « C'est absolument épouvantable. De la même manière qu'il y a une Amérique généreuse, il y a aussi une certaine Amérique qui fait peur. Et c'est cette Amérique-là qui vient de présenter son visage. »

Que venait fabriquer l'Amérique en Suisse? Fort simple: elle était mêlée de près à l'arrestation de M. Polanski. Steve Cooley, un shérif de Californie en campagne électorale, avait réveillé pour sa publicité un scandale vieux de trente-deux ans. A cette lointaine époque chargée des vapeurs de marijuana, la gazette *Vogue*, réputée pour ses images luxueuses, avait demandé à M. Polanski des clichés d'adolescentes modernes, délurées, libres et dévêtues, ce qu'il avait accepté. Une actrice de feuilletons télévisés, désireuse de fréquenter Hollywood, lui amena sa fille de treize ans dans la maison de Mulholland Drive prêtée par M. Jack Nicholson. A la fin de la seconde séance de photographies au champagne assaisonné de sédatifs, M. Polanski bouscula dans le jacuzzi la très jeune Samantha qui ressemblait de façon troublante à la Lolita de M. Nabokov. Qu'elle fût réticente ou consentante, la mère accusa, il y eut un procès, un jugement et quarante-deux jours à la prison de Chino, soit la totalité de la peine requise. Et voilà qu'en 2009 le shérif Cooley demandait l'extradition du criminel pour le rejuger ; la Suisse obéit, sans doute pour faire oublier qu'elle hébergeait cinquante mille évadés fiscaux américains.

L'affaire enfla, se déforma et s'envenima. Par exagération et pour mieux protester, les vertueux parlèrent de viol et de pédophilie, cette récente découverte qui décimait l'église catholique, puisque les curés palpeurs, lesquels jusque-là ne dérangeaient point la bourgeoisie, venaient à peine d'être montrés du doigt après des siècles de pratiques douteuses mais admises. M. Laffineur, député de Maine-et-Loire, engagea la croisade contre l'ignoble artiste : « Les accusations de viol sur une enfant de treize ans, ce n'est pas quelque chose d'anodin ! » Le comte Chatel porta cette parole : « M. Polanski n'est ni au-dessus ni en dessous des lois », ce qui affadissait la critique de façon très jésuite. La poubelle électronique, prenant le relais, condamna « l'élite culturelle, le bling-bling politico-artistico-médiatique qui part à la rescousse d'un people pédophile en cavale ».

Nous étions au cœur du problème. Ceux d'en haut se gobergeaient quand ceux d'en bas trinquaient. Ceux d'en haut s'autorisaient les pires méfaits quand ceux d'en bas ne méritaient que le bâton. Alors la colère retomba sur le marquis de Valois qui avait trop vite pris parti en termes trop vifs. Il fut le premier gibier de cette chasse aux privilégiés qui s'ouvrait, menée au nom de la justice. L'affaire Polanski devint l'affaire Fredo un lundi soir, à Mots croisés, débat régulier de la plus importante chaîne des fenestrons publics. Ce soir-là, la princesse de Montretout fit un coup d'éclat qui la posait ; cette princesse, née Le Pen, empruntait son titre au château familial de Saint-Cloud que son père avait acheté quand il hérita curieusement des ciments Lambert. Blonde, mère de famille deux fois divorcée, vice-présidente de son parti ultranationaliste, la princesse de Montretout avait le verbe tranchant, des manières de poissarde et un culot, et un aplomb qui faisait dire à ses proches :

« On dirait son papa avec deux yeux et des cheveux. » Elle représentait cette part des électeurs que Notre Fallacieuse Majesté avait détournée de la droite extrême pour qu'ils votassent dans son camp, des populaires, des râleurs, des intégristes, des tricoteuses, des puritains et des purotins, des revanchards, des mal-partis qui n'arriveront nulle part, des délaissés, des floués. La princesse voulait figurer le bon sens des humbles contre l'arrogance des nantis. Elle avait constitué une cellule spécialisée dans la récolte électronique des calomnies, des rumeurs ou des informations explosives, aussi, ce lundi, elle tira une feuille préparée dans son dossier et lut un extrait d'un livre du marquis de Valois, *La Mauvaise Vie*, confession d'une redoutable tristesse, fort bien tournée, qui avait valu à son auteur un prix littéraire décerné par les gazetiers de dix gazettes, quatre ans plus tôt. Le marquis y contait son penchant pour les hommes et, entre autres, ses amours payés dans les bordels de Patpong road, à Bangkok. La princesse de Montretout lut une citation truquée, car devant le mot *garçon* elle avait rajouté *jeune* afin de traiter le marquis de pédophile avoué et défenseur d'autres pédophiles comme M. Polanski, M. André Gide ou M. Lewis Carroll qui aimait tendrement les petites filles.

Ce venin étant craché, cela fit du vacarme dans

un pays qui découvrait la morale. Chacun fut libre de se déchaîner sans même avoir lu le livre de M. le marquis, seulement sur des on-dit, et l'on vit les plus tendres hiérarques du Parti social, soudés en génération, accuser de laxisme leurs aînés qui avaient naguère vécu le *Peace and love* de San Francisco, et amplifier en les suivant les propos de la princesse de Montretout qu'ils prétendaient combattre. Le comte Hamon fustigea dans le roman du marquis une apologie du tourisme sexuel, laquelle n'y existait point ; le comte Montebourg ajouta un couplet pour souligner que « la pédophilie est réprimée dans notre pays » quand bien même il n'en était pas question dans *La Mauvaise Vie* ; le comte Valls fit mine d'avoir lu « un livre choquant et insupportable ». Un profond fossé se creusait au Parti social entre les jeunes gens de cinquante ans et les élites parisiennes laxistes, parce qu'on ne parlait plus de politique, ni de droite ni de gauche, mais d'enfer et de paradis. Quant aux impériaux, gênés de savoir le marquis de Valois dans leurs rangs, ils se dérobèrent par mille ruses. Fermé au Château, Notre Souverain Diviseur ne voyait rien et n'entendait rien ; son horizon ne dépassait point la grille du Coq, au fond du jardin.

Chapitre II

La tentation dynastique. — Éloge d'un fils à papa. — Grandes manœuvres au Château. — Comment Monseigneur le Dauphin fut bouté hors de l'Epad. — Le chevalier David d'Ouillet entre en politique. — Cris d'effroi du très distingué lieutenant général Raoult. — Comment Sa Majesté détruisit le mur de Berlin. — Malaise au Parti impérial.

Ecarté du monde réel par ses courtisans et ses policiers qui l'en protégeaient, Notre Népotique Leader voyait venir l'instant où il lui faudrait prolonger son règne en asseyant sa dynastie. Dans nos anciennes possessions d'Afrique, les rois duraient plus que Louis XIV et la dynastie était une coutume. Au Gabon, les Bongo se perpétuaient de père en fils, au Congo les Kabila, les Wade au Sénégal. Le pharaon Moubarak manœuvrait pour laisser l'Egypte à son fils Gamal, et les Papandreou ou les Caramanlis se reproduisaient en

Grèce depuis des décennies. La même pratique avait cours en Orient avec la famille Assad de Syrie ou la famille Aliev d'Azerbaïdjan. Sa Majesté prenait même exemple sur la longue réussite des Kim en Corée du Nord qui aimaient le luxe et les Mercedes blindées, montrant à l'évidence qu'il était agréable d'être riche dans un pays pauvre qu'on tenait par la famine. Si Napoléon avait répudié Joséphine parce qu'elle ne lui donnait aucun héritier, Notre Prolifique Leader n'avait point ce problème ; ses épousailles précédentes lui avaient procuré un lot de fils ; l'un était féru de musique assourdissante sous un pseudonyme, le troisième était trop jeune et vivait chez sa mère, l'ancienne impératrice Cécilia ; restait celui du milieu, ce prince Jean dont les cheveux jaunes balayaient le blazer. Celui-ci briguait la charge de successeur au trône, et parce qu'il avait déjà fait la preuve de son absence de scrupules en s'emparant à Neuilly du Parti impérial, visant plus haut, il devenait aux yeux flagorneurs de la Cour le reflet rajeuni de son père, aussi l'appela-t-on désormais Monseigneur le Dauphin.

Monseigneur était plutôt grand que petit, bien nourri au Coca light sans être trop entassé, l'air fort haut et fort décidé sans rien de rude, et il avait un visage au dessin agréable quoiqu'il tînt de Sa

Majesté un nez en proéminence. Presque tous les portraits lui ressemblaient bien, avec une prestance par imitation du Souverain. Il avait vingt-trois ans et venait de manquer sa deuxième année de droit en Sorbonne, mais le *Daily Telegraph* le comparait à Alexandre le Grand et remarquait que Mozart avait composé son andante en *do* majeur à l'âge de cinq ans. Pour se donner plus de sérieux et mieux convaincre, il se mit à négliger les clubs nocturnes où il aimait à se farcir de musique et de danse, et fit une fin en se mariant à Jessica, comtesse d'Arty, une camarade du lycée La-Folie-Saint-James. On fit le mariage sans faste, sans bruit, dans la plus grande obscurité et le contrat de confiance fut rédigé de façon presque clandestine, devant le maire de Neuilly, M. Fromantin, le rival même de Monseigneur qu'il refusa d'intégrer dans son équipe, mais devant des témoins choisis, le patibulaire chevalier Le Febvre, M. d'Hortefouille son parrain, le duc et la duchesse de Levallois, ces inséparables Balkany qui veillaient déjà au-dessus de son berceau, posés comme des choucas. Ce duo répétait que Monseigneur avait le ton de son père, les mimiques de son père, les expressions de son père, que c'était Sa Majesté en plus jeune et en mieux, plus mûr au même âge malgré des études rapiécées, et lorsqu'il prétendait vouloir éradiquer la pauvreté de Neuilly, il ne fallait pas rire. Le duc et la duchesse de Levallois façonnaient le Dauphin comme ils avaient modifié leur ville. Ils n'aimaient que le neuf, le clinquant, un téléphone doré sur une table en marbre, un lit en forme de conque marine comme on en voyait dans ces boutiques du faubourg Saint-Antoine où se fournissaient les émirs; tout ce qui était ancien et patiné leur insupportait, ils réclamaient du béton, du verre et des taxes pour combler une petite part de leurs énormes dettes. Dans leur duché, les immeubles de standing avaient remplacé les usines, les pelleteuses dégringolaient les murs et les pauvres gens; Neuilly était à côté, juste après le boulevard Bineau.

Le duc et la duchesse s'étaient rencontrés lors d'un match de boxe; lui venait du prêt-à-porter et elle du caoutchouc. Cigare au bec, entouré de sa clientèle et de sa claque, il avait l'air canaille et plaisantait sur ses condamnations, quand il avait employé pendant dix ans, pour ses réceptions, le personnel municipal, mêlant à l'égal de Notre Grandiose Leader le privé avec le public, ou quand il avait menacé l'une de ses maîtresses avec un 357 Magnum afin qu'elle le suçât. De longue main ils préparèrent l'ascension de Monseigneur le Dauphin, en amis de la famille régnante. Lorsque Notre Effervescent Monarque n'en était qu'à l'orée de son époustouflante carrière, le duc de Levallois l'avait prévenu que le fauteuil du maire de Neuilly était chaud ; le baron Pasqua, qui y postulait, était hospitalisé pour une vilaine hernie et le conseil municipal, bien travaillé, était acquis. Et Notre Prince Juvénile s'empara de Neuilly. En soutenant aujourd'hui les envies politiques du fils après celles du père, les maîtres de Levallois cherchaient aussi à éliminer le général baron de Vedjian, un partisan impérial de la première heure, certes, mais austère, incapable de courtisanerie, rétréci du portefeuille dans une région où les impériaux et les affairistes avaient pris l'habitude qu'on les arrosât d'abondance.

M. de Vedjian présidait le conseil général et l'Epad, cet établissement public qui aménageait le quartier de la Défense et ses trois millions de mètres carrés à bâtir, ses milliards d'euros à empocher, le plus grand complexe de grenouillages en Europe, et des tours, des tours, des tours qui montaient en forêt à l'ouest de Paris. Les enjeux poussaient aux trafics, des promoteurs et des intermédiaires faisaient leurs fortunes, des hommes politiques de la Droite furent accusés de favoritisme ou de corruption. En s'asseyant sur cette termitière, M. de Vedjian voulut laver ces hontes. Il mit son nez dans les comptes, empêcha même des hommes de

Sa Majesté de rajouter un bouquet de tours si rentables, renégocia des contrats, s'opposa aux rabais, bref, il contrariait et beaucoup lui en voulaient.

Il fut à ce moment question d'accorder l'Epad au Pétillant Dauphin, lequel en rêvait. On lui fit tailler ses cheveux et porter des lunettes cerclées pour accroître son âge et sa gravité ; dès qu'il ressembla à un jeune banquier, les officines du Château déblayèrent le terrain. Le premier obstacle fut aisé à vaincre : le général baron de Vedjian allait fêter ses soixante-cinq ans et devrait ce jour-là quitter l'Epad puisque Sa Majesté lui refusait la dérogation dont d'autres plus âgés bénéficièrent ; adieu la vertu. Le Dauphin avait encore quelques marches à gravir ; les conseillers de Sa Majesté s'accordèrent pour affirmer au clairon que le fils n'était point nommé par son père mais élu. Il avait emporté le canton le plus doré de Neuilly, soulevé par son nom, puis il fut choisi à main levée pour présider le groupe impérial du lieu. Il fut pareillement élu au conseil général des Hauts-de-Seine en un quart d'heure, car les deux tiers des votants appartenaient à Notre Eblouissant Leader, et il lut même un discours qu'on lui avait préparé sur des feuillets à en-tête du Château. Il fut élu par les mêmes à la présidence de ce conseil, étant le seul candidat.

Maintenant, vite, aux coffres-forts de l'Epad. Depuis un an, le conseil d'administration y avait été soigneusement épuré ; huit des neuf hauts fonctionnaires qui y siégeaient avaient été remplacés par des partisans dociles de Sa Majesté. Un centriste, qui prétendait occuper le siège de M. de Vedjian, fut nommé au Conseil économique et social, avec la promesse d'entrer au Sénat, alors il donna sa démission et, un mois plus tard, le Dauphin Triomphant fut désigné par la majorité impériale pour entrer au conseil d'administration de l'Epad et en rafler la présidence. C'était réglé, c'était acquis, la date du couronnement avait même été publiée : le 4 décembre à la tour Opus du quartier de la Défense. Aussitôt, une troupe de factieux distribua des bananes devant cette tour en criant « République bananière ! République bananière ! ».

En effet, le favori de Notre Paternelle Altesse et de sa Cour agenouillée ne l'était point du peuple ; cet enchaînement d'élections arrangées provoqua une marée de protestations. On parlait déjà d'un scandale concocté au Château. Sourd à la critique, Notre Purulent Monarque, loin de rassurer, insista avec une inconscience balourde quand il présenta sa réforme des lycées et loua cette institution qui datait de Napoléon : « Ça voulait dire que c'qui compte en France pour réussir, c'est plus d'être bien né, c'est d'travailler dur et d'avoir fait la preuve par ses études, par son travail, de sa valeur. » Dans la coulisse, un notable du Parti impérial s'en étouffa : « Il aurait dû retirer cette phrase… » Sur le site électronique du Château, pourtant dévoué à Sa Majesté, des adeptes s'indignaient : « Comment peut-on mettre son fils à une telle place et parler de la France qui se lève tôt ? » La nomination déguisée du Dauphin irritait jusqu'aux impériaux convaincus et les gazettes étrangères y allèrent de leurs moqueries, traitant Nicolas Ier de Roi-Soleil à Berlin, Londres, Moscou, Bogota, Ouagadougou, Milan… Par chance, la duchesse de Levallois expédia la rébellion : « On ne va pas se laisser influencer parce qu'il y a deux ou trois mauvais papiers dans les gazettes ! »

La duchesse donnait la ligne que suivait Notre Insatiable Souverain, c'est-à-dire que les gazettes se réunissaient pour comploter contre sa famille et le détruire. S'attaquer au fils revenait à cibler le père. Les fidèles du Parti impérial et du gouvernement sortirent leurs rapières et firent des moulinets très menaçants en direction des libellistes les plus féroces. Le comte Chatel réussit à surpasser le chevalier Le Febvre dans l'art de l'amalgame sot : « Que veulent-ils, les braillards ? Interdire l'élection à un candidat de par son origine sociale, son nom, son faciès ? » Le comte Wauquiez, benjamin des impériaux à maroquins, pensait à lui en défendant Monseigneur : « Laissons sa chance à la jeunesse. » Le vieux baron Santini, qui faisait profession d'humoriste en public, plaignait le Dauphin criblé de flèches : « Je souffre pour lui. Je souffre aussi pour son père. » Et voici comment le fils de Notre Majesté se regonfla, grâce à une farandole de sornettes, lâchant avec un air désabusé : « Quoi que je dise, quoi que je fasse, je serai critiqué. » Il entra en résistance contre l'opinion et les quatre-vingt-cinq mille signatures promptement ramassées en sa défaveur par un élu du centre, pourtant allié des impériaux. Il maintint quinze jours sa candidature catastrophique, tandis que les experts du Château dépouillaient avec effarement leurs sondages ; ils voyaient les courbes baisser du nez et s'écrouler ; même les gazettes réputées aux ordres ouvraient leurs colonnes aux messages incendiaires d'anciens partisans de Sa Majesté que Monseigneur désolait. Les députés qui visitaient leurs provinces en revenaient abasourdis par les propos injurieux de leurs administrés.

Ces événements se cousaient entre eux pour former une excellente comédie de boulevard, et l'on pouvait imaginer Notre Bouffonnant Souverain, à l'abri des cloisons du Château, réciter une réplique de l'Angèle du *Champignol malgré lui* de M. Feydeau : « Oh ! la famille ! la famille ! Mais c'est donc une gageure ! Tout le monde se mettra contre moi pour m'empêcher de sortir de ce pétrin ! » Voyant les méchants à cause de lui déchaînés après Sa Majesté, le Dauphin joua le dernier acte. Il se rendit un soir sur les fenestrons, avec son épouse enceinte et son conseiller personnel en gestes et propos qu'avait détaché le Château, et avec qui il avait longuement répété. Propret, humble, il interpréta son monologue avec calme, sagesse et émotion, dénonçant d'emblée une campagne de manipulation et de désinformation, ce qui était le refrain préféré de son papa. Il déclara refuser la présidence honorifique de l'Epad, au grand soulagement de la majorité qui menaçait de devenir minoritaire, et, avec les accents du père, plaça la grande scène des sentiments : « Si la question que vous me posez est "est-ce que j'en ai parlé à Sa Majesté ?" Non. Si la question est "est-ce que j'en ai parlé à mon père ?" Oui. Il est comme tous les pères, je suis comme tous les fils... » Le show était mené en professionnel et fut salué comme tel.

— C'est le début de la gloire, s'extasiait la duchesse de Levallois.

— Il a un bel avenir en politique, promettait le

comte Chatel dont l'avenir dépendait de celui de la famille impériale.

— Le mal est fait, soupira un désenchanté.

— On va le payer aux élections régionales du printemps…

— Mais c'est qu'vous avez rien compris ! intervint Notre Martial Leader en convoquant les grincheux. La victoire du chevalier d'Ouillet dans les Yvelines, ça devrait pourtant vous requinquer ! Ça montre la fracture entre le peuple et cette intelligentsia parisienne qui croit avoir tout pigé ! Faut pas confondre l'agitation des gazettes et la réalité !

Le chevalier David d'Ouillet venait de conserver à la Droite la douzième circonscription des Yvelines, mais avec un faible score et un taux d'abstention en croissance forte. C'était une législative partielle où il s'agissait de remplacer le précédent député impérial, mis à l'écart de tout scrutin pendant dix ans à cause d'une histoire de pots-de-vin. Ce chevalier d'Ouillet avait été approché par le baron Bertrand qui voulait recruter des personnalités pour son Parti impérial, et le poussa à se présenter parce que sa notoriété de double champion olympique de judo devait le préserver des attaques trop politiques. Les choses se déroulèrent comme prévu. Le chevalier d'Ouillet arpenta le marché d'Orgeval et la grande place de Poissy en signant des autographes ou en berçant des bambins dans ses gros bras. « Sur le terrain, disait-il, les gens sont préoccupés par leurs problèmes et pas par des histoires montées de toutes pièces », car, au passage, le champion avait potassé le catéchisme impérial et introduisait le plus souvent cette idée du complot contre Sa Majesté. Il négligeait les gazettes nationales, préférait papoter avec les vieilles dames, précédé dans les maisons de retraite par des militants qui arrachaient des procurations aux centenaires. Dopé au café et à la vitamine C, le chevalier d'Ouillet promena ses cent trente kilos durant plusieurs semaines et se montra aimable auprès de ceux qui avaient applaudi ses exploits d'antan. Entre le sport et la politique, comme M. de La Porte au début du règne, il avait vendu des kimonos pour la marque Adidas, s'était mêlé d'immobilier et de voyages. Quand il emporta cette élection des Yvelines, Notre Leader Cultivé était au théâtre avec Madame et le jeune prince Louis, pour admirer le fidèle M. Clavier dans *La Cage aux folles*, mais il fut tout de suite prévenu et envoya un message : « Bravo mon David, t'es la meilleure réponse qu'on pouvait avoir pour clouer le bec aux gazettes ! » Si Notre Grandiose Prince ne voulait point être portraituré avec le chevalier d'Ouillet, c'est que celui-ci mesurait près de deux mètres en comptant la hauteur des cheveux dressés en brosse à cirage, mais il le reçut au Château, et l'autre en ressortit avec des étoiles dans les yeux : « Son Excellence m'a raconté comment il négociait avec l'Empereur Hu et M. Obama. Il a été le moteur du monde pour réunir ces dirigeants ! »

Pendant que le Moteur du Monde s'attachait à fustiger l'ensemble des malappris qui avaient critiqué sa façon de pistonner le Dauphin, on oublia de mentionner les quatre cent cinquante mille chômeurs supplémentaires de l'année 2009 et le redécoupage électoral réglé par ordonnance ; on oublia aussi que le ministre de la Justice réformait dans la discrétion et décidait que les magistrats ne seraient plus seuls à nommer leurs collègues au Conseil supérieur de la magistrature : la main du Château se glissait parmi eux.

Ses propos définissent un homme et permettent de dévoiler son vrai visage, embusqué sous des masques qui le valorisent. Cela signifie que bien des gens seraient avisés de se taire pour ne pas se détruire. Ainsi, le chevalier d'Ouillet avait-il eu raison d'écarter les micros et les calepins, parce qu'il aurait pu se trahir comme dans cet ouvrage, composé dix ans plus tôt à sa gloire athlétique, *L'Âme du conquérant*, où il dévoilait sans vergogne un personnage fermement ancré dans la balourdise. Que livrait-il de lui ? Des phrases senties comme celle-ci : « On dit que je suis misogyne, mais tous les hommes le sont, sauf les tapettes ! » Voilà qui était bien désobligeant pour les femmes et les hommes qui préféraient les hommes, ceux, selon l'explication du héros, qui ne s'assumaient pas. Il détaillait sa sous-pensée : « Pour l'équilibre des enfants, je pense que la femme est mieux au foyer. » Il y avait du taliban chez cet athlète d'avant-garde qui regrettait le temps où l'on travaillait dur de l'enfance au tombeau, sauf le dimanche consacré au Seigneur, et cela n'empêchait pas les veillées d'être joyeuses, au coin du feu, avant l'invention des diaboliques fenestrons.

Le chevalier d'Ouillet n'était pas le seul, au Parti impérial, à touiller ce genre de brouet. En novembre, soudain, avec une effronterie sans pareille, M. Raoult, lieutenant général du Raincy, poussa un cri pour qu'on le remarquât. C'était un homme sans nul esprit et de nul talent. Ses manières étaient naturellement impétueuses, qui redoublèrent peu à peu, et qui le menèrent à des excès fâcheux. M. Raoult servait deux maîtres, Notre Phosphorescent Monarque et le tyran de Tunis, M. Ben Ali, lequel allait se faire élire une cinquième fois avec un score improbable. Les deux souverains avaient en partage une identique aversion des gazettes, mais M. Ben Ali ne se contentait point de menaces dans le vide ou d'insultes blessantes, et, dès l'éviction de l'historique

M. Bourguiba, il avait entrepris de les fermer l'une après l'autre pour étendre sans gêneurs son pouvoir familial. Que cent gazetiers se fussent exilés pour éviter le cachot et la torture qui en tua une quarantaine, M. Raoult n'en avait cure ; il espérait que la peine de mort fût rétablie dans la Seine-Saint-Denis et poussait toujours à la répression, laquelle lui semblait la meilleure des solutions.

Lorsque Mme Florence Beaugé, libelliste dans une gazette française qui faisait référence dans le monde, fut expulsée au moment où elle débarquait à Tunis, M. Raoult expliqua que la mesure était juste, que cette personne n'avait qu'à ne point provoquer l'ire de M. Ben Ali. M. Raoult n'avait pas lu les reportages mesurés de Mme Beaugé, il ne se fiait qu'aux feuilles officielles de Tunisie qui la traitaient d'hystérique, de maléfique, de volage et d'idiote. Le lieutenant général du Raincy recommença une diatribe de la même veine quand il apostropha le marquis de Valois, chargé de la Culture et des artistes, qui rasait les murs de ses couloirs depuis les accusations faussées de Mme Le Pen. Holà ! rouscaillait le courtisan Raoult, une Marie NDiaye venait d'obtenir le prix Goncourt et elle avait outragé Sa Majesté l'été précédent. Qu'avait-elle dit ? Qu'elle préférait vivre à Berlin que dans la France monstrueuse de Nicolas Ier, du Transfuge

Besson et de M. d'Hortefouille. Beaucoup partageaient ce jugement, mais pas M. Raoult qui voulait que les lauréats de cette distinction se vissent appliquer le droit de réserve des fonctionnaires, même à titre rétroactif. Il demandait au ministre qu'il intervînt en gendarme pour punir l'insolente. Celle-ci, piquée par la sottise, écrivit à son tour au marquis de Valois et le pria de prendre parti, mais il se cacha sous son bureau et murmura que l'affaire était anecdotique, dérisoire. Il se taisait parce que M. Raoult, un compagnon du *Concorde*, la taverne des députés, l'avait décoré en 1995 ; M. Fredo était ligoté par ses relations. Cela provoqua un barouf chez les intelligents. Même M. Modiano, romancier grand et discret, qui ne commentait jamais l'actualité, s'indigna : « C'est encore la preuve de toute cette atmosphère de courtisanerie, d'inculture et de vulgarité que fait régner Nicolas Ier. » De quoi se mêlait le bestial M. Raoult ? Il donnait maintenant des leçons de politesse, lui qui avait naguère traité une Première ministre, Mme Cresson, de « vulgaire femme de poissonnier » ?

Toutefois M. Raoult ne désarmait point : « Nous avons décerné le Goncourt à Mme NDiaye, disait-il, parce qu'elle a du talent. Qu'elle soit moins militante ! » Pourquoi employait-il ce *nous*, comme s'il siégeait au jury ? On en trouva ailleurs la cause quand il précisa : « Même Yannick Noah et Lilian Thuram n'en avaient pas fait autant qu'elle ! » On saisit que ce *nous* était mis pour *nous les Blancs*, puisque les trublions cités étaient des Noirs.

Le régime de Notre Elégant Monarque était raciste dans son noyau, pour lequel il y avait des Français plus égaux que les autres qu'on repérait à la pâleur de leur peau. En vue des prochaines élections en régions, quand la Princesse Rama demanda à se présenter dans les chics Hauts-de-Seine, une élue impériale lui répondit que dans le Val-d'Oise elle ferait mieux couleur locale avec ses origines sénégalaises ; la Princesse en fut mortifiée et comprit enfin, par cette brusquerie, qu'elle avait été nommée au gouvernement pour rester en vitrine, mais qu'elle appartenait aux Français de deuxième catégorie. M. de Plenel savait ces grossièretés fondamentales du Parti de Sa Majesté ; ce libelliste acerbe à l'œil moqueur, qui traquait depuis si longtemps les vilenies, sut doctement conclure les douteuses déclarations de M. Raoult en des termes qui montraient le lieutenant général du Raincy en adulateur du défunt M. Staline : « Un député français exprime son désir d'un art officiel et obéissant, vingt ans après la chute du mur de Berlin… »

Justement, Sa Majesté était partie fêter cet anniversaire chez les Germains ; en s'ouvrant par de multiples brèches rageuses, en s'éboulant, ce mur avait entraîné l'effondrement de l'interminable dictature que le Kremlin imposait à ses pays satellites. Par imitation de Charles Ier de Gaulle, Nicolas Ier prononça en tribune trois mots de germain mais ils étaient fautifs, au lieu de *Wir sind Brüder, wir sind Berliner*, il dit *Wir sind Brühe, wir sind Berlin*, soit en notre langue, au lieu de *Nous sommes des frères, nous sommes berlinois*, il dit avec son inimitable sens de la cocasserie *Nous sommes du bouillon, nous sommes Berlin*.

Soucieux d'effacer le burlesque de son teuton, qui avait tordu d'hilarité le public local, Nicolas-de-Bouillon ordonna qu'on le fît étinceler sur le site électronique du Château à lui consacré. Les courtisans eurent la joie d'y apprendre comme il fut héroïque en 1989 quand, au matin du 9 novembre, il sauta dans un avion pour Berlin avec M. Juppé, futur duc de Bordeaux, pour participer à l'événement capital que personne n'avait soupçonné, à part lui et son flair. On le voyait de profil, un mini-piolet à la main, et il frappait sur un pan de ce mur funeste qui symbolisait la coupure du monde en deux blocs. Notre Effronté Leader commentait cette image pieuse : « Nous filons vers la porte de Brandebourg où une foule s'était déjà amassée. Autour de nous des familles se rassemblaient pour abattre le béton. »

Le récit impérial fit grand bruit ; en un instant Paris retentit de la prouesse, la Cour y applaudit, les provinces en furent inondées, puis arrivèrent en foule des invraisemblances. Les pays étrangers, avec une rapidité incroyable, montraient Sa Majesté prise en flagrant délit de vantardise ; ainsi le *Frankfurter Allgemeine Zeitung* : « Nicolas Ier, le pic-vert du mur : uniquement une légende de communication ? » et on parla de supercherie, puisque le mur n'était tombé qu'à l'aube du lendemain. Pressés par des gazetiers, forcément malveillants, les témoins s'empatouillèrent. MM. Juppé et Fillon, présents à Berlin, n'étaient plus très sûrs de la date ; les uns parlaient d'avion, les autres de train. Lorsque le Prince assura avoir croisé un reporteur connu, celui-ci fit répondre qu'il travaillait à cet instant en Russie ; on s'aperçut également que M. Juppé était à Colombey-les-Deux-Eglises où il briquait la croix de Lorraine géante du fondateur de la dynastie gaullienne. Tôt après, nous apprenions que Sa Majesté n'avait été à Berlin qu'une semaine plus tard, invitée par la Mission américaine à une conférence internationale sur le désarmement. Alors il y eut sur toutes les fenêtres électroniques une floraison d'images truquées avec drôlerie et irrespect pour fesser le menteur, lesquelles représentaient Notre Quinteux Souverain au premier rang des grandes journées de l'Histoire : le voici à Austerlitz le 2 décembre 1805, et sur la Lune le 21 juillet 1969 ; c'est lui, le 6 juin 1944, qui mit le pied sur le sable d'Omaha beach avant les troupes américaines ; le voici encore à Poitiers où il repoussa les Sarrasins, à Jérusalem où il ressuscita Lazare.

Le Prince voulut manifester une proximité avec ses sujets. Il songeait à Napoléon III circulant partout en France pour serrer des mains et soigner une réputation qu'il avait abîmée pendant son coup d'Etat ; il songeait à M. Antoine Pinay, le grand argentier à la mise modeste, qui vendait son emprunt en prenant des bains de peuple, et qu'on vit attablé dans un estaminet des Halles entouré de bouchers. Cette jolie duplicité, si efficace, enthousiasmait Notre Chagrin Monarque, aussi monta-t-il quelques déplacements très préparés dans ses provinces, afin de gagner des voix à son Parti. Avec une compassion bien étudiée devant le miroir, il s'en alla au contact d'employés impériaux et de militants triés, mais sans jamais improviser, sans fendre aucune foule imprévisible comme son homologue italien, le Duce Berlusconi, lequel, en regagnant son carosse, reçut en pleine figure une reproduction métallique du dôme de Milan et nous montra une mâchoire en sang ; cela lui permit de rehausser un temps sa popularité, mais d'aucuns l'accusèrent d'avoir monté l'attentat et de s'être barbouillé le museau avec une poche d'hémoglobine cachée dans son mouchoir, tant la confiance en lui était faible. Notre Fiévreux Tyranneau osa se rendre à Gandrange, où il avait promis à des ouvriers de sauver leur usine, qui ferma aussi sec, mais il y alla en loucedé, sans prévenir, et plutôt à la mairie que dans l'aciérie où des brutes l'attendaient depuis des mois avec des boulons. Il rencontra également les habitants d'Epinay-sur-Seine, mais au commissariat, puis il récita ses incantations sur la sécurité des personnes à Bobigny, au Perreux-sur-Marne, à Aubervilliers entre des voyages brefs au bout de la terre, au Brésil ou dans les Caraïbes, car il menait de front sa carrière internationale et cherchait l'appui nombreux des chefs d'Etat pour soutenir son action contre le réchauffement de la planète dû à ce carbone que nous recrachions dans l'air, qui empuantissait nos forêts, nos icebergs et nos bronches. Notre Populiste Imperator espérait se faire sacrer Roi du Système Solaire à Copenhague, tout au nord, où se tiendrait dans les semaines à venir une réunion mondiale vouée à l'échec, mais qui permettait jusque-là de dorloter des électeurs chez les amoureux de la nature qui se multipliaient en France, une engeance béate que le Prince voulait ravir à la Gauche. Nous vîmes aussi passer Notre Affairiste Souverain au Kazakhstan, dont il avait du mal à prononcer le nom qu'il estropiait à chaque allocution, afin d'y signer des contrats de gaz, de pétrole, de nucléaire et d'hélicoptères, au détriment des droits de l'homme, si méprisés dans cette dictature, mais le sujet ne fut point abordé ; les courtisans emmenés firent savoir que le Prince n'était pas venu donner des leçons mais ramasser des sous, pensez donc, quatre milliards de promesses, et tant pis si cela défrisait quelques intellectuels des beaux quartiers de Paris, comme s'il était admis que les droits élémentaires ne relevaient que d'un ramassis de riches fainéants.

Ses infernaux voyages épuisaient Notre Monarque ; s'il commençait ses harangues par « Je ne suis pas venu vous tenir un discours que vous avez déjà entendu », c'était pour signifier le contraire ; des observateurs pertinents notèrent à cette époque qu'il se mettait à radoter, enquillant les mêmes phrases et les mêmes jeux de scène dans le Jura que dans le Maine-et-Loire neuf mois plus tôt. Le cardinal de Guéant, alors vice-roi, avec son visage fermé de majordome qu'éclairait à peine un sourire pâle et diabolique, courut au chevet de son maître : « Ce qui eût été grave, dit le prélat, ce fût que Sa Majesté se désapprouvât une fois sur l'autre. » Pourtant, le Prince était coutumier des renversements de thèmes et d'idées, voletant d'un extrême à l'extrême opposé au gré des faits divers qui secouaient l'opinion. Quant aux déplacements, fort coûteux puisque Notre Fastueux Monarque avait dépensé dix-neuf millions et sept cent mille euros, en une seule année, ils lui permettaient de parader sur le globe et d'ainsi esquiver bien des tempêtes domestiques ; ses conseillers l'exfiltrèrent en Arabie, par exemple, le jour du Congrès des maires de France qu'il aurait dû présider, afin qu'il ait une excuse pour n'être point hué par l'ensemble des élus à cause de sa dernière lubie, la mise au panier de la taxe professionnelle, payée par les entreprises à la commune et qui financait le ramassage scolaire, les associations culturelles et sportives, l'aide aux grabataires... Le sénateur Raffarin, rattaché aux impériaux, jura qu'il ne voterait pas cette mesure liberticide, et le duc de Bordeaux, M. Juppé, déclara dans le langage cru de Mont-de-Marsan : « C'est se foutre du monde ! » D'autres mesures impopulaires furent projetées en même temps, mais comme elles ne frappaient pas directement les élus et leur trésorerie, elles obtinrent moins d'écho ; cependant le forfait hospitalier allait augmenter car les malades n'avaient qu'à bien se porter, de même que les accidentés du travail n'avaient qu'à pas respirer les vapeurs toxiques de leur atelier, et ils seraient imposés sur leurs indemnités, de même la taxe carbone contre ceux qui esquintaient le climat avec leurs automobiles et leurs machines puantes.

Notre Populacier Leader ne tenait aucun compte des critiques car il estimait sa politique la meilleure de l'univers. Il n'avait point d'esprit et toujours confus, savait peu, fors l'air et certaines manières du grand monde qu'il contrefaisait gauchement ; tout cela était mêlé de tant de supériorité qu'on était blessé même des politesses. On n'était pas moins importuné de son infatigable attention au rang qu'il prétendait tenir, à primer dans la conversation, à la ramener toujours à soi ou aux siens avec la plus dégoûtante vanité. S'il avait de l'élan lorsqu'il interprétait les sermons ciselés par le chevalier de Guaino, émaillés de citations d'auteurs qu'il ignorait, il continuait en privé à se comporter comme les plus grossiers de ses courtisans, qu'il avait du reste choisis à son image. Voyez-le sur l'estrade des gymnases où il parlait devant des militants en extase, dans le Bas-Rhin ou la Haute-Marne ; il retrouvait sans se forcer un verbe et une épaisseur naturelle pour fustiger ses adversaires, même ceux qu'il avait rallié à sa cause fraîchement, ne manquant jamais de piquer les gazetiers qu'il accusait de tous les maux et qu'il menaçait sans relâche, tel ce M. de Fogiel qui avait osé demander à Madame : « Auriez-vous épousé Notre Prince s'il n'avait point de trône ? » A celui-là, Notre Hystérique Monarque dit en le pointant du doigt, avec du fiel dans le regard : « J'm'en souviendrai ! » Et aux autres : « Moi j'reste pas planqué derrière un bureau. Les commentateurs, ils commentent. Moi j'suis du côté des acteurs, j'agis. On fait pas l'même travail. »

Nicolas le Névrosé n'était jamais plus en verve qu'aux remises de breloques honorifiques, dans le jardin d'hiver du Château. Un soir, devant le drapeau tricolore tendu au fond du podium, il épingla un ruban rouge au veston de M. Dany Boon, un comique qui avait la faveur des foules ; cela suffisait à Sa Majesté pour l'honorer car elle ne jugeait les œuvres qu'à la quantité de leur public. Le Prince improvisa donc son discours sur un mode réjoui :

— Vous êtes né fils d'un Kabyle marié à une catholique picarde, d'un boxeur devenu chauffeur routier… Ça commençait pas terrible, il faut bien reconnaître les choses… disons que question rêve, on part de loin…

Notre Hilarant Despote se mit à rire et la salle fit de même. Il reprit son discours :

— Vous avez déjà choisi la fiction contre la réalité en préférant le nom de Dany Boon au très joli nom qui était… le vrai, quoi ! (*il rit tout seul de sa blague*) Daniel Hamidou. Bon. Ça s'aggravait de plus en plus...

Il y eut encore des rires, mais moins nourris.

— Enfin, Hamidou, quand même ! Va faire une carrière avec ça !

Pour s'esclaffer à une telle lourdeur qui sentait le rance, il ne dut plus y avoir que le lieutenant général Raoult et le Prince d'Hortefouille, ces deux spécialistes de la rituelle galéjade de camping sur les étrangers.

Enhardis par Sa Majesté sur le chemin du mauvais goût, qui colorait la doctrine du règne, les courtisans s'appliquaient à débiter des farces auxquelles ils faisaient mine d'adhérer, comme Tartarin allant braver le lion de l'Atlas, en cage sur la place de Tarascon, qu'exhibait la ménagerie Mitaine juste arrivée de la foire de Beaucaire. Tartarin se vantait de connaître par le menu la chasse aux lions, chacun l'invitait chez lui à tour de rôle afin qu'il animât les soirées par ses récits, et M. Alphonse Daudet nous prévenait : « Peut-être qu'à force de raconter ses futures chasses, il s'imaginait les avoir faites, aussi sincèrement qu'il s'imaginait avoir hissé le drapeau consulaire et tiré sur les Tartares, pan ! pan ! à Shangaï. » Eh bien, à l'exemple de Tartarin, les courtisans de Notre Finaud Souverain vivaient dans un mirage perpétuel. Ils voulurent, à fins de propagande, présenter la France qui change grâce aux actions bénéfiques de Nicolas Ier, mais pour nourrir leur documentaire ils n'allèrent point chasser leurs images en Provence ou en Alsace, mais ils les achetèrent à une firme de Californie. Que voyait-on ? Une superbe maison solaire, des enfants joyeux et de toutes les couleurs, une mère heureuse qui embrassait ses bambins. Or, si cette maison prodigieuse existait, c'était à Escondido, et les enfants avaient été filmés dans la cour d'une école du Wisconsin, quant à la mère de famille, elle vivait à Cambria.

Pour ce même motif de propagande, les jeunes impériaux en rajoutèrent sur le registre de la comédie désuète. Avec une musique dénichée au Canada et qui datait des années soixante-dix, *Tous ceux qui veulent changer le monde* présentait des ministres qui se trémoussaient et chantaient en play-back ; ceux-là se dévaluaient, leur joie de vivre semblait déplacée en cette fin d'année que plombaient tant de bévues et tant de malheurs. Un professeur de philosophie proche des impériaux, M. Luc de Ferry, se crut obligé de donner son point de vue sur ces images souhaitées dynamiques : « C'est dégoulinant de bêtise. Ça me fait de la peine que le show-biz le plus bête, le plus médiocre, s'introduise dans la politique, c'est à vomir. » Il fallait avouer que le climat n'était point au chant ni à la danse. Il y avait des grèves perlées dans les musées, les transports, les hôpitaux, des monômes de protestation dans les lycées, le réseau électrique frôlait la rupture à cause du grand froid de cet hiver. Dans treize cents entreprises, les salariés étaient encouragés à dénoncer les malversations de leurs voisins de bureau. Des maires, des commissaires poussaient leurs compatriotes à la délation par voie d'affiches. On demandait aux sans-papiers de dénoncer leurs passeurs et aux prostituées de livrer leurs souteneurs. Les témoignages anonymes étaient bienvenus dans les banlieues tristes. Des tentatives de suicides par médicaments avaient été repérées au service public de l'emploi ; un ingénieur de Renault se jeta du cinquième étage et le tribunal reconnut un accident du travail.

Chapitre III

Bonne année, les petits ! — Théorie de la double casquette. — Monsieur Proglio et Mister Hyde. — Comment le duc de Chantilly jongle avec les portefeuilles. — Son honnêteté proverbiale. — Le Transfuge Besson à la recherche de l'identité perdue. — Sa vie, ses œuvres. — Le duc de Villepin s'en va t'en guerre.

Des déconvenues en nombre commençaient à poindre cette année 2010, conduites et soutenues par la volonté qu'avait Nicolas le Névrosé de tout régenter. Aux premières heures du règne, ses erreurs trop voyantes étaient immédiatement recouvertes par des annonces qui permettaient la diversion, comme ces magiciens de cabaret qui attirent votre attention d'un côté tandis qu'ils œuvrent de l'autre pour saisir une colombe derrière un guéridon. Or, le pouvoir impérial partait à vau-l'eau. Les événements ne se succédaient plus pour s'éteindre l'un l'autre, mais bien plutôt ils se chevauchaient et, en naviguant de conserve, restaient en permanence dans les mémoires. La cruelle estocade portée au duc de Villepin, la ruineuse affaire des vaccins contre une grippe de pacotille, l'affaire des bons mots de M. d'Hortefouille, l'affaire de la nomination ratée de Monseigneur le Dauphin, le livre empoisonné du marquis de Valois, les glapissements du lieutenant général Raoult, plus rien ne se dispersait mais revenait sans cesse pour accuser Notre Déphasé Souverain dont la cote d'amour baissait, de manière inquiétante, chez ceux qui l'avaient autrefois choisi. Que dire après cela de la fermeté tranquille qui se fit admirer de Notre Prince dans les fenestrons, au mitan de son règne ? Il semblait rassurant pour se rassurer lui-même et il repeignit ses actions en réussites, avec des couleurs chaudes ; les grèves ne duraient pas, le chômage se stabilisait, les syndicats étaient assagis, les patrons intrépides et les employés méritants. Notre Anachronique Potentat expédia ses vœux traditionnels, qu'il lisait devant lui, ce qui lui donnait une diction métallique de récitation : « Mes chers sujets, même si les épreuves ne sont pas terminées, 2010 sera une année de renouveau, les efforts que nous faisons depuis deux ans et demi vont porter leurs fruits. » Bien sûr, le sommet de Copenhague sur le climat avait échoué, à cause des Américains et des Chinois, lesquels se moquaient du réchauffement de la planète, et la taxe carbone, si chère au Prince, avait été renvoyée par le Conseil Sacré de la Constitution parce que très injuste ; elle ne faisait payer que les usagers de base et exonérait ceux qui polluaient l'atmosphère à 93 %, raffineries, cimenteries, chimie… Le Prince ne se montrait point résigné là-dessus : « Je ne suis pas, dit-il, un homme qui renonce à la difficulté » ; puis il orchestra son fameux thème de la sécurité, le clou de ses spectacles, en prétendant s'occuper des bandes qui ravageaient nos banlieues, avant de prendre au final une voix d'archange de la miséricorde afin de réunir sous son aile la Droite et la Gauche : « Respectons-nous les uns les autres, faisons l'effort de nous comprendre. » Cette nuit-là, il n'y eut que mille cent trente-sept voitures incendiées, dix de moins qu'au 1er janvier de l'année précédente ; un progrès.

Le Prince adressa ses vœux aux corps de métiers, sauf à celui des gazetiers honnis, durant un entier mois de janvier ; il alla à Cholet, courut dans le Morbihan et même à l'île de la Réunion où il partit avec sa suite dans quatre avions de l'Etat ; une fois sur place, Notre Luxueux Despote refusa de loger à la Préfecture qu'il estimait sans doute trop rustique pour sa grandeur et il préféra retenir cinquante-cinq chambres au *Palm Hôtel & Spa* de Petite-Ile. Ensuite, pour moins d'une heure de discours au Parc des Expositions de Saint-Denis, il fallut installer sous la scène une climatisation géante afin qu'il ne transpirât point, sans oublier le prix des timbres pour lancer quelques milliers d'invitations aux militants impériaux, et le prix des petits-fours pour la rapide réception qui s'ensuivit. En vingt-quatre heures, Notre Prince avait ainsi dépensé un million et six cent mille euros offerts par ses contribuables. Un seul fit mieux, M. Musulin qui passait pour le nouveau Robin des Bois. Ce convoyeur de fonds était tranquillement parti au volant de son fourgon blindé en emportant quarante-sept sacs de la Banque de France qu'on estima à plus de onze millions d'euros ; il avait de la rancune contre le système, expliqua l'un de ses collègues.

Notre Prince, qu'au contraire le système engraissait, avait néanmoins perdu sa boussole. Il revenait en esprit au temps de ses anciennes victoires et devint sur-le-champ ce chef de meute qu'il n'avait jamais cessé d'être, malgré sa couronne, et il fouetta ses bataillons avant de les envoyer à l'assaut des féodalités du Parti social, lequel détenait vingt régions métropolitaines sur vingt-deux. Ce n'était donc point Nicolas Ier qui sillonnait le territoire pour apaiser ses sujets, mais le maître du Parti impérial qui cherchait à les séparer en partisans. Il rassembla ses chefs de guerre au Château, assis autour de lui en demi-cercle à grignoter des toasts ; Sa Majesté leur tint ce boniment pour les motiver : « Gagner les élections, c'est en avoir envie ! Vous avez envie d'être candidats, il faut que l'envie se sente ! » Déjà, des ministres rechignaient ; ceux qui envisageaient possible la prise de sept régions à la Gauche, quelques mois plus tôt, se disaient maintenant que deux ce serait une réussite. Le Prince les asticotait : « J'irai partout pour soutenir les candidats de ma majorité ! » Cela n'enthousiasmait guère les impériaux qui voyaient en cette participation de Nicolas Ier un handicap, tellement leurs électeurs avaient fini par l'abominer. Le Souverain Magnifique insistait sur l'aspect national de la campagne à venir, lorsque ses hommes préféraient la réduire à des problèmes purement locaux ; ils pressentaient la raclée sans oser lever la voix. « Vantez l'action du gouvernement, disait le Prince à ses nervis, expliquez que le Parti social ne veut qu'augmenter les impôts, et pas nous ! Les Français ont horreur des impôts… »

De la monarchie, Sa Majesté tenait à discrétion le pouvoir de nommer qui elle voulait où elle voulait.

Ces montées en grade, selon le bon plaisir, s'effectuaient d'ordinaire en sourdine commme ce fut le cas pour M. Baudot, un critique de mode et parrain du fils de Madame ; Sa Majesté n'eut qu'à prier le marquis de Valois de lui accorder le titre d'administrateur des biens culturels, sans rien demander aux instances en la matière compétentes et qui n'étaient point d'accord. Cela fut exécuté sans anicroches publiques. De même, on comptait de plus en plus de créatures impériales dans les sommets de la Justice et de la Police, mais il n'y eut là encore aucun vrai scandale. Il en fut autrement avec ce M. Proglio qui permit aux historiens et aux psychiatres, lesquels se penchèrent plus tard sur les pratiques du règne, d'exposer leur *Théorie de la double casquette*. Il s'agissait, pour des hommes déjà riches et influents, de devenir encore plus riches et plus influents, en imitant le parcours du Prince qui cumulait la casquette du Père de la Nation et celle du Chef de Parti, deux fonctions par nature antagonistes puisque la première tendait à rassembler et la seconde à diviser. Ce mélange des affaires nationales et des affaires partisanes aboutissait à une duplicité que chacun put voir enfin.

M. Proglio, efficace dirigeant, avait su redresser très haut les finances de la Compagnie Privée des Eaux ; grâce à ses relations auprès de la Cour, il parvint à se faire attribuer par Notre Souverain la Compagnie Publique de l'Electricité. Cette double présidence était impossible, puisque l'électricité relevait du service à la population et que l'eau avait été offerte à des industriels. A vouloir marier l'eau et le feu, M. Proglio provoqua un court-circuit, comme avant lui ce chanteur de variétés qui grilla dans son bain où était tombée une applique allumée.

M. Proglio respirait la modestie malgré les grosses automobiles qu'il chérissait. Il avait l'œil noir en bouton, le front barré de lignes comme du papier à musique et ses traits tombaient vers le bas, avec la gravité sévère du fossoyeur en train de creuser une tombe. Il avait d'ailleurs creusé seul sa carrière modèle. Fils d'un marchand de quatre-saisons d'Antibes, il avait redouté de vendre des tomates et de la sarriette tout au long de sa vie, alors il étudia le commerce, fit des écoles spécialisées là-dedans, entra enfin en grouillot à la Compagnie Privée des Eaux où il grimpa et qu'il finit par diriger. Il y avait du Napoléon rentré chez ce discret qui sortait peu dans le monde, se montrait peu, aimait les pâtes à la piémontaise de sa mère et les disques des Pink Floyd. Il ne voyait rien d'anormal à présider cinq cent mille salariés, ceux des Eaux auxquels s'ajoutaient désormais les fonctionnaires de l'Electricité, et si vous lui parliez de double casquette il n'en comprenait point le mal, lui qui en possédait déjà une collection complète en tant qu'administrateur de CNP Assurances, de Natixis, de Lagardère, de Dassault Aviation. Voilà qu'on lui cherchait noise parce qu'il allait gagner deux millions d'euros par an, car il avait augmenté son salaire à l'Electricité Publique de 45 %. Après tout, M. Johnny Hallyday ne payait plus ses impôts en France et venait d'empocher onze millions d'euros pour l'année écoulée sans que nul ne s'en plaignît. Notre Voyoute Altesse saisissait le raisonnement du grand patron de deux groupes concurrents, mais lui demanda de céder officiellement son fauteuil des Eaux Privées : « C'est plus possible, tu dois y renoncer. » M. Proglio renonça donc mais point à tout. Il conserva son tabouret de président du conseil de surveillance et, s'il abandonna la somme annuelle de quatre cent cinquante mille euros que lui versaient les Eaux, il conserva sa retraite promise, laquelle était autrement conséquente. Sur ordre, les impériaux aidèrent à désamorcer la polémique. On vit les comtes Copé et Chatel, les ducs d'Estrosi et Woerth répéter partout le couplet préparé au Château et qui s'articulait en trois temps : M. Proglio aurait le même salaire qu'auparavant ; évidemment, ce sont des sommes qui peuvent choquer ; mais il est le meilleur. Le Prince en personne défendit M. Proglio dès qu'il s'exprima au fenestron.

Si M. Proglio incarnait la modestie, M. Woerth personnifiait l'honnêteté. Cela se voyait à sa mine comme à sa mise, qu'il était incapable de ne point rapporter au commissariat le portefeuille trouvé dans la rue, sans en distraire un seul billet. Duc de Chantilly, il était nu de crâne et bleu de joues quoiqu'il se rasât avec soin. Grand, voûté comme un loufiat, il cultivait une banalité qui le protégeait des intempéries politiques : « J'ai une allure de comptable », disait-il avec son humour glacé. Le duc régentait le budget du pays, mais, intègre comme il l'était, si sérieux, voire même ennuyeux, il pouvait porter avec naturel autant de casquettes que les Péruviennes des Andes portaient de chapeaux ronds emboîtés les uns sur les autres.

Pour l'heure, le duc de Chantilly coiffait la casquette immaculée du justicier. Son métier étant de recouvrer l'impôt et de remplir les caisses à lui confiées par Sa Majesté, il se mit à tonner contre les tricheurs à dessein de les effrayer. Que les fraudeurs se dénoncent, disait-il sans même hausser le ton, comme les repentis de la mafia ils bénéficieront d'une remise d'amende, sinon ils seront démasqués et s'en repentiront au centuple.

Le duc de Chantilly brandissait une liste qu'un employé mis à la porte d'une banque suisse lui avait fournie. « J'ai trois mille noms de Français qui cachent leur magot à Berne et à Genève ! Qu'ils régularisent leur situation ! » Le duc de Chantilly entendait rapatrier cet argent évadé pour le taxer, mais les Suisses poussèrent d'affreux cris : « Quoi ? Et le secret bancaire ? Et nos clients ? Et cette liste volée, que valait-elle ? » On fut au bord de l'incident diplomatique mais le duc de Chantilly resta ferme. Il fit ouvrir à Paris un confessionnal discret, près de la place Saint-Sulpice, où les délinquants pourraient venir à titre anonyme expliquer les mouvements indignes de leur fortune ; à l'esbroufe, le duc récupéra sept cents millions d'euros.

Au plus fort de ce combat vertueux, des malveillants émirent des doutes sur la probité du duc de Chantilly. Sa réputation n'était-elle point surfaite ? Ses débuts n'avaient guère brillé d'un si noble éclat. Lorsqu'il entra à l'Agence de développement de l'Oise, en 1990, il se fit taper sur les doigts pour avoir augmenté son salaire de 49 %, touché une prime de cent soixante quinze mille francs sans motif clair, fait payer ses frais personnels d'avocat par son employeur. Ensuite il s'empara de Chantilly mine de rien, ne médisant jamais sur quiconque mais se plaçant dans la haute société des champs de courses et des haras. Le duc se mit à fréquenter les fortunés, dames à chapeaux extravagants et messieurs en smoking ; ces nouvelles connaissances lui servirent lorsqu'il se retrouva trésorier du Parti impérial. Et voici le nœud de l'affaire. Quand le 23 mars 2007, pour financer la campagne de Sa Majesté, il était allé à Genève recueillir les sous d'un comité de soutien français, il se souciait des sommes inscrites sur les chèques et non de leur provenance. A cette époque, à la demande de Notre Impécunieux Monarque, il fut chargé d'organiser des réunions de riches donateurs sur le modèle des *charity dinners* américains. Cela s'appela le Premier Cercle, que le duc de Chantilly fit prospérer. Il conviait des présidents, des banquiers, des médecins, des avocats, rien que des nantis dans les salons discrets de l'hôtel Bristol, un palace situé à une encablure du Château, et où le Prince raffolait des macaronis fourrés aux artichauts, truffes et foie gras à quatre-vingt-deux euros sur la carte, qu'il avalait comme un chien de chasse. Le duc avait ainsi à sa disposition quatre cents sommités, dont certaines arrivaient de New York, Londres ou Madrid pour verser leur obole au Parti, entre trois mille et sept mille cinq cents euros chacun.

Au moment où il fut sacré ministre du Budget, le duc de Chantilly conserva cette casquette de collecteur de fonds, mêlant ainsi que M. Proglio le public au privé, mais d'une manière encore plus suspecte puisque ses deux activités étaient de même nature : d'un côté il encaissait des impôts, de l'autre il encaissait des dons. Derrière son bureau du Budget, ou dans le cloître du Bristol à l'abri des magnolias en pots, le duc ne bavardait-il point avec quelques-uns des généreux donateurs ? Lorsque Notre Majesté fut un temps à ce poste du Budget, n'avait-elle point reçu, en 1993, le jeune M. Mitterrand qui avait des soucis fiscaux ? N'y avait-il jamais de faveurs ? Comment pouvait-on autrement remercier des gens si charitables pour le Parti impérial ? Un député social posa la question au duc de Chantilly, pendant une séance à l'assemblée, et celui-ci traita de stupide un pareil soupçon puisqu'il était foncièrement honnête.

Le duc avait eu tort de mépriser ce qu'il tenait pour un outrage. Dans quelques mois nous connaîtrons mieux comment un homme de tant de droiture, de talents et de réputation, est peu à peu parvenu à rendre sa droiture équivoque, ses talents pire qu'inutiles, à perdre toute sa réputation, et à devenir le jouet de la fortune.

Un scandale recouvrit un instant les autres : il faisait froid en hiver. Un vent piquant soufflait chez nous depuis la Sibérie. La glace gainait les câbles électriques du Vaucluse, vingt centimètres de neige tombèrent d'un coup d'Arles jusqu'à Brest, la route d'Avignon se transforma en patinoire, les trains étaient perturbés, les aéroports paralysés. Nous ne croisions dans les rues que des mains gercées et des nez rouges. Partout les gymnases s'ouvraient aux sans-abri desquels vingt et un venaient de mourir gelés. Les gens mangeaient des lentilles, des céréales, des féculents pour aider leurs corps à soutenir cette attaque. Ils mangeaient aussi des lentilles parce c'était un aliment peu coûteux et que l'argent se raréfiait, qu'ils évitaient de dépenser, qu'ils comptaient ; cette année on prévoyait six cent mille chômeurs en fin de droits sociaux qui ne toucheraient plus d'indemnités, tandis que les financiers s'arrondissaient du bedon, empruntant aux banques centrales de l'argent bon marché qu'ils prêtaient cher aux Etats malades. Un coup de froid mordait également les militants impériaux ; beaucoup, fatigués par les affaires troubles du régime, ne renouvelaient point leurs adhésions, et, depuis le début du règne, cent vingt mille d'entre eux s'étaient volatilisés.

Pour se réchauffer, Notre Froid Monarque piqua une colère au Conseil de ses ministres ; deux gazetiers avaient été enlevés par les talibans sur la route de Kapisa, en Afghanistan. Ils faisaient leur métier, qui consistait à informer, et l'un d'eux avait connu l'Irak, la Bosnie, le Rwanda. Sa Majesté traita d'inconscients ces professionnels : « C'est pas supportable d'voir qu'on fait courir des risques à des militaires pour aller les chercher dans une zone dangereuse où ils avaient l'interdiction de s'rendre ! » La ménagerie impériale se mit en branle ; le cardinal de Guéant miaula que « le scoop ne doit pas être recherché à tout prix » ; le comte d'Orsay, M. Kouchner, aboya que les deux lascars avaient été prévenus du danger. Face à de tels propos il y eut un concert d'indignations, mais le Prince voulait que les Français sussent le coût de cette aventure, car il avait une âme de boutiquier, confondait le pays avec une entreprise et voulait que celle-ci fût rentable. La devise de *Liberté, Egalité, Fraternité* se vit remplacer par *Rentabilité, Sécurité, Résultats.*

Hélas, la sécurité n'existait que sur les statistiques de M. d'Hortefouille, Prince de Beauvau. Sur le terrain, les violences augmentaient et l'image des policiers se dégradait. Les diligences qui roulaient dans les banlieues de Paris étaient régulièrement attaquées, leurs vitres brisées à coups de pierres, les passagers agressés et volés, les postillons menacés. M. d'Hortefouille eut alors la lumineuse idée de faire escorter ces transports, ce qui permit aux bandes de jeunes désœuvrés de caillasser en même temps les diligences et les voitures poussives du commissariat. Les policiers connaissaient mal ces zones où on les envoyait casqués comme des légionnaires romains. Les unités de proximité, créées autrefois par le Connétable Chevènement sur le modèle des gendarmes de village, qui se mêlaient à la population, avaient été supprimées en 2002 quand Sa Majesté dirigeait les polices. La prévention ? Une billevesée qui ne savait se réduire en chiffres. Il n'était plus question de nouer des contacts autrement qu'en cognant le plus fort possible pour démanteler les trafics et casser des voyous. Grâce à cette courte vision, à cet enfantillage de Notre Prince de Choc, lequel ne supportait pas d'attendre en menant une politique lente, profonde mais peu spectaculaire, la situation se détériora entre le peuple et les gardiens de l'ordre. La nuit où l'Algérie se qualifia pour la Coupe du monde de balle-au-pied, il y eut une fête sur les Champs-Elysées ; s'y rendirent des Français dont les parents ou les grands-parents étaient nés à Oran, à Sétif, à Alger, voire à Casablanca ou à Fez ; ils klaxonnèrent, ils braillèrent, ils lancèrent des pétards et des bouteilles vides. L'un d'eux, un jeune homme d'origine marocaine, lequel était en quatrième année de Sciences politiques, vit un fêtard tiré de sa voiture par des policiers qui lui cassèrent le nez à la matraque ; le jeune homme tenta de protester ; il reçut à bout portant une giclée de gaz lacrymogène qui le laissa étourdi et suffoquant sur le pavé ; quand il se releva, il entendit : « Dégage, sale Arabe ! »

Il y avait aussi des policiers malheureux de ce qu'on leur ordonnait de faire, sans moyens, et certains manifestèrent en cortège dans nos rues. Connaissez-vous la rude existence des cent soixante-cinq fonctionnaires chargés de reconduire les étrangers indésirables chez eux ? Ils vivaient en aéronef, bien plus qu'une hôtesse de l'air, et ils enchaînaient les heures de vol au-delà du seuil autorisé par la médecine. Un aller et retour au Nigeria ? Vingt-deux heures. En Bolivie ? Quarante-sept heures. Ces agents éprouvaient un décalage horaire permanent, ils en ressentaient une lourde fatigue, des troubles du sommeil, des intestins, de la circulation sanguine ; ils avaient des malaises, des otites, des tympans percés.

Les bougres qu'ils traînaient menottés sur la passerelle d'un charter, ils les ramenaient dans un pays qu'ils avaient oublié. Si Notre Saignant Despote ne tirait pas le faisan, le sanglier ou la gazelle, il avait ouvert sous son règne la chasse aux étrangers hors-la-loi. On se souvenait de son coup d'éclat lorsqu'il boucla le hangar de Sangatte aménagé pour ces

Afghans qui avaient fui leur pays en guerre, les bombes pakistanaises, l'enrôlement forcé chez les talibans, leurs villages incendiés, leurs parents massacrés. En transit au bord de la Manche, ces fugitifs rêvaient d'une Angleterre qu'on leur avait décrite comme un paradis, dont ils apercevaient les falaises de l'autre côté de l'eau. Sa Majesté avait triomphé sans rien résoudre. Les chasseurs n'avaient su qu'égayer le gibier sur le littoral. Les misérables s'étaient installés dans les sous-bois, volaient des légumes, subsistaient dans leurs immondices ; c'étaient des Afghans mais aussi des étudiants de Téhéran, des Kurdes, des Somaliens que les villageois aidaient de leur mieux. On nomma ces campements *la jungle*. La plupart des émigrés avaient été amenés jusqu'ici par des passeurs constitués en filières, depuis le trafiquant d'opium jusqu'au filou du Pirée, et ils avaient voyagé sous des ventres de camions, dans des citernes, à travers l'Irak, la Turquie, la Grèce, l'Italie, clandestins partout, partout rançonnés. Au fond de leurs campements, près de Calais, la nuit on entendait pleurer les plus jeunes.

La chasse aux étrangers, initiée par Notre Enthousiasmant Souverain, fut reprise par le plus zélé de ses transfuges, le plus choyé, le plus intraitable, le plus satisfait de lui, le lieutenant criminel Besson, lequel décréta qu'il allait ventiler la jungle comme autrefois son maître avait fermé Sangatte. Sous l'œil des gazetiers convoqués pour la publicité de cette noble action, une colonne de cinq cents policiers en armures éparpilla les tentes bricolées sous les arbres avant d'embarquer ceux qui parlaient un étrange sabir que signalait à l'attention leur bronzage naturel, car tous ne s'étaient pas échappés, trop épuisés par des mois d'errance. Cela fut montré en images sur les fenestrons et dans les gazettes en couleurs, mais rien ne changea vraiment. Si les exilés étaient dès lors moins nombreux dans les jardins et sous les ponts de Calais, ils se regroupèrent à Paris, sur les quais tranquilles du canal Saint-Martin, et ils mangèrent la soupe chaude de l'Armée du salut près du métro Jaurès. Sur les cent quarante placés en centre de rétention, cent trente-deux avaient été prestement remis en liberté par les juges. Pour l'exemple, pour effrayer la mafia des passeurs, trois Afghans furent renvoyés à Kaboul, une ville que le lieutenant criminel Besson estimait fort calme, quoique des voitures piégées y explosassent chaque jour en plein centre, et que les expulsés allaient risquer leur peau.

L'heure est venue de peindre le portrait en pied du lieutenant criminel Besson, dont nous avions esquissé dans notre première chronique la brutale trahison, quand il changea d'armée au cœur de la bataille, passant du Parti social au Parti impérial, et qu'il devint le singe de Sa Majesté. Ce fut une jolie prise de guerre, l'homme était à la botte de Notre Vénéneux Monarque et dépendait de ses victoires. L'art du retournement était inscrit dans son caractère. Né à Marrakech, le Transfuge Besson avait très jeune regardé les charmeurs de serpents à la sortie des souks, sur la grande place. Il avait étudié que ces reptiles n'obéissaient point à la musique mais aux coups de flûte qu'ils prenaient sur la tête ; cette fine observation nourrit sa violence rentrée et ses futures colères. S'il apprit aussi à séduire, il ne savait point sourire, lorsqu'il s'y essayait sa bouche déformée exprimait plutôt une douleur. Du Maroc il avait tout aimé, du soleil à la semoule, mais son destin commença rudement. Son père, un aviateur, était mort en vol avant sa naissance, aussi se retrouva-t-il très tôt et pour quatre ans dans un pensionnat catholique sévère, à Temasa, près de Casablanca. Il y vécut solitaire, renfermé, fuyant la camaraderie, mais il découvrit comme le comte Chatel les leçons des pères jésuites qui lui expliquèrent comment se mettre à la place de l'adversaire, pour dévoiler sa stratégie avant de le tailler en brochettes ; et mille autres roublardises.

Lorsque plus tard le Transfuge Besson se maria,

il refusa de jurer fidélité à son épouse toute neuve car il se voulait indépendant et se savait volage à l'excès, comme le roi Henri IV qui, encore à quarante ans, croyait avoir un os entre les jambes, toujours prêt à fourrer ; par ailleurs d'un égocentrisme forcené, peu enclin aux convenances, il avait abrégé son repas de noces pour suivre un grand prix de Formule 1 sur le fenestron du living. Infidèle dans sa vie publique, ainsi le fut-il dans sa vie privée. Affranchi par un divorce, il s'éprit de Yasmine qui aurait pu être une amie de sa fille aînée, mais elle l'avait ficelé en lui réclamant l'exclusivité amoureuse. Le lieutenant criminel Besson voulut tellement protéger cette liaison qu'il menaça d'écorcher vifs ceux qui y toucheraient, mais, contradictoire jusqu'à la moelle, il s'exposa à son bras au Stade de France ; l'image fit le tour des gazettes mondaines tant il aimait de mille façons occuper l'espace et se mettre en valeur.

A la sortie des Conseils de ministres, le Transfuge Besson ne s'attardait pourtant pas sur le gravier du Château mais filait en baissant la tête vers son coche de fonction. Trop d'ennemis le guettaient. Les anciens compagnons qu'il avait lâchés le vomissaient ; le comte Montebourg disait de lui que c'était un arriviste sans âme. Ses compères du Parti impérial, dont il était désormais le numéro deux, s'en défiaient parce qu'il avait trahi et qu'il était suspect de récidive, mais Sa Majesté le flattait comme un bichon. Le lieutenant criminel ayant la foi des convertis, Notre Pervers Souverain lui réservait les plus dégoûtantes besognes ; il en frétillait et s'exécutait. Il reçut ainsi la mission d'orchestrer le thème du patriotisme outré pour le chiper aux partisans de la droite extrême qui s'en gargarisaient. Ce fut alors que le Transfuge Besson lança avec des roulements de tambour un grand débat sur l'identité nationale, à la recherche d'une définition électoralement utile. Il avait pris l'idée dans un discours que fit Sa Majesté à La Chapelle-en-Vercors, en novembre, sur une question de baccalauréat : « Qu'est-ce qu'être français ? » Ce prodigieux texte pondu par le chevalier de Guaino fut édité par les soins du Château sous le titre *Identité nationale*. Le lieutenant criminel Besson, aussitôt, mit en place des réunions dans les Préfectures, et l'opération fut menée aussi sottement que la campagne de vaccination de la baronne Bachelot, laquelle oublia d'y faire participer les médecins de quartier. Les Préfets se trouvaient fort ennuyés. Qui allait mener chez eux le débat, et devant qui ? Avant 1889 et la première loi sur la nationalité, qui était français ?

La France avait toujours été composée d'étrangers.

Nous vivons à l'extrémité occidentale du gigantesque continent eurasien et notre géographie est la seule coupable : si les envahisseurs s'arrêtent chez nous c'est qu'au-delà il y a la mer. Or, les grands migrateurs germaniques, slaves ou turco-mongols du Ve siècle n'étaient pas des marins mais des cavaliers nomades ; ils traînaient après eux leurs familles, leurs sorciers, leurs chariots malcommodes, leurs troupeaux de bœufs et de chevaux. Ils s'installèrent dans nos provinces pour s'y enraciner. Alamans de Strasbourg, Wisigoths de Narbonne, Francs de Lille et Burgondes savoyards, voilà nos identités prises à leur source, mais ce fut par la culture qu'elles se fondirent aux dimensions du continent pour nous unir. Ouvrez un atlas historique et cherchez les cartes politiques. Elles ratatinent nos nations en puzzle. Etudiez plutôt ces cartes qui nous parlent de la diffusion des arts et des marchandises ; l'art roman s'étala de Winchester à Cefalu, il courut de Trondheim au nord à Salamanque au sud, Bordeaux à l'ouest, Zsambek à l'est. Il en fut de même pour l'expansion du gothique, et le rayonnement du baroque rassembla plus tard les villes devenues nos capitales. Quant aux foires médiévales, elles se tinrent en même temps à Novgorod, Francfort ou Troyes. Au siècle de Voltaire l'Europe fut française et la France cosmopolite. L'Ecossais Law devint ministre à Paris, Beaumarchais allait imprimer à Amsterdam, des livres de Diderot parvinrent en Amérique du Sud dans le double fond d'un tonneau de harengs. Voici des Auvergnats en Castille, des Savoyards en Autriche et des Allemands sidérurgistes en Angleterre. En Suède, des Wallons travaillaient le fer. Mozart découvrit la musique italienne à Londres. Une colonie d'Irlandais s'implanta à Cadix et quarante mille Allemands en Ukraine...

A l'inverse de cette ouverture des esprits, le Transfuge Besson s'acharna à les rétrécir avec une notion abstraite. Très vite les débats se mirent à dériver sur le rôle néfaste des étrangers ; mais qui étaient-ils, ceux-là ? Des indécrottables désignèrent les Arabes et les voleurs de poules. Le maire d'un village minuscule et paisible de la Meuse, où l'on vivotait entre soi depuis des générations sans jamais croiser le moindre étranger, le maire de Gussainville, donc, livra ses peurs à la sortie d'une Préfecture qui avait organisé l'obligatoire débat devant des chaises vides : « On va se faire bouffer. Y en a déja dix millions qu'on paie à rien foutre. » Cet édile rejoignait sans effort la pensée de M. d'Hortefouille qu'inspiraient des discours de Sa Majesté, lesquels établissaient que les étrangers étaient dangereux, qu'il fallait mener la croisade contre eux et leurs maudites pratiques religieuses, et leurs bombes, et leurs pièges ; ces discussions hâtives permettaient un temps d'oublier le chômage et les véritables problèmes. L'identité, dans la réalité, se réduisait aux papiers du même nom que vous deviez présenter aux policiers armés qui vous les demandaient, afin qu'ils s'assurassent de votre innocence ou de votre culpabilité. Ces contrôles étaient une affaire de couleur. A la demande de l'*Open Society Institute*, deux chercheurs très officiels purent constater l'évidente discrimination des patrouilles, qui plaquaient au mur les basanés de préférence. Un Arabe avait quatorze fois plus de chances de se faire alpaguer qu'un Blanc dans le centre de Paris.

On appelait cela un *contrôle au faciès* et personne ne s'en étonnait parmi les usagers du métropolitain. L'un de ces jeunes colorés avait dû montrer ses papiers six fois depuis le matin, il avait bien compris le principe : « Je crois que c'est ma gueule qui va pas. »

Les Helvètes, lesquels votaient sans arrêt et sur n'importe quoi, vinrent à la rescousse du lieutenant criminel Besson en ravivant la xénophobie de ses passionnants débats. Ils venaient de refuser qu'on ajoutât chez eux des minarets aux quatre qui existaient déjà, comme si l'appel imaginaire du muezzin devait faire tourner le lait des vaches dans leurs alpages. Ces musulmans de Turquie ou des Balkans vivaient en Suisse dans les villes, mais ce fut des campagnes qu'on les rejeta en masse, là où ils n'habitaient point, à Appenzell, à Schwyz. Le baron Bertrand en profita pour dire qu'il n'était pas certain que nous ayons besoin de minarets, nous non plus, or le Transfuge Besson minimisa ce propos en expliquant que les minarets relevaient de l'urbanisme ; il remplaça cette polémique naissante par une autre, autrement grave à ses yeux, sur ce voile intégral qui portait atteinte à la dignité de la femme, car une touche de féminisme pur rehaussait d'autant son exaspération. Le débat se détourna vers le honteux vêtement, lequel n'était point prescrit dans le Coran et n'avait rien de religieux mais plutôt de fanatique, une invention des tribus salafistes qui étaient à l'Islam ce que nos intégristes étaient au Vatican. Cela permit aux plus incultes de regarder en biais ces Arabes auxquels nous devions l'art du vitrail, les épices, le mot almanach et le couscous, un plat qui tendait à remplacer le steak frites sur les tables de nos compatriotes.

Quelques centaines de femmes portaient ce voile qui les assimilait aux membres du Ku Klux Klan. Des spécialistes du salafisme expliquaient que l'accoutrement concernait aux deux tiers des femmes de nationalité française, Normandes converties ou Berrichonnes illuminées, et que cela était limité dans le temps ; une fois passées les années de ferveur, la plupart se remettaient à sortir en jeans ou robes à fleurs, un peu comme les punks d'autrefois, en vieillissant, ôtaient l'épingle à nourrice qui leur trouait le nez et ne se teignaient plus les cheveux en vert fluorescent. Le port du voile intégral relevait en outre d'un exercice périlleux. Faites-en l'expérience. Décrochez un rideau, découpez une fente pour les yeux et drapez-vous dedans de la tête aux pieds. Déguisé de la sorte pour le carnaval, sortez dans la rue et marchez en essayant de ne point vous emmêler dans le tissu et vous écrabouiller sur le bitume ; avec votre visibilité réduite, il vous faut éviter les poteaux, les arbres, les plots, traverser sans manquer le bord du trottoir ni vous faire faucher par une voiture. Votre parcours est semé d'embûches, tout vous est interdit ; impossible de boire un soda, de chercher vos enfants à l'école parce que les institutrices ne confient jamais les petits à Belphégor ; impossible d'entrer dans un avion. Cela donna des idées aux malfrats qui, ainsi dissimulés, braquèrent le bureau de poste d'Athis-Mons sans être reconnus.

Les débats du lieutenant criminel Besson dévièrent vers l'amalgame, de l'amalgame au racisme et du racisme à la simple idiotie. L'administration, pour plaire à Sa Majesté, se fit de plus en plus tatillonne. Malheur à qui était né en dehors de nos frontières. Une Mme de Lespinois fut accablée de difficultés quand elle voulut renouveler sa carte d'identité ; malgré un nom qui respirait le terroir et une particule, le fonctionnaire de l'Etat civil la considéra avec soupçon :

— Prouvez-moi que vous êtes française, dit-il.

— Mais je viens de vous montrer mon certificat de naissance !

— Justement. Je lis que vous êtes née au Maroc.

— Mais de parents français !

— Alors apportez-moi leurs actes de naissance.

— Je leur demanderai…

— Et ceux de vos grands-parents aussi.

— Mes grands-parents ? Ça va être plus compliqué.

Cette scène se reproduisit un grand nombre de fois pour les citoyens qui avaient eu la malchance de naître à Dakar, à Londres ou à Malaga. Même le duc de Paris, M. de la Noé, eut du mal à renouveler ses papiers ; il était né à Tunis. Le grand colloque national du lieutenant criminel Besson sombra ainsi dans la bêtise bureaucratique et raciale ; l'ensemble des gazettes usa du mot *fiasco* pour qualifier son issue en queue-de-poisson. Quelles idées neuves avait-il produites ? Faire chanter l'hymne patriotique une fois par an dans les écoles, épingler la Déclaration des droits de l'homme au mur des salles de classe.

En un temps où le vocabulaire s'affadissait et où l'on n'évoquait plus que la surface des choses pour ne blesser aucune oreille, où l'on ne disait plus *orage* mais *épisode pluvieux*, ni *il va mourir* mais *son processus vital est engagé*, même les mots du Prince perdirent crudité et saveurs canailles. Lui qui aimait tant humilier ses proches, il eut une attitude des plus humble en préparant pendant deux jours entiers son intervention au fenestron face à son peuple. Cela se nomma « Paroles de Français », tellement le Prince fit semblant de respecter ses sujets, qu'il écouta un lundi soir et auxquels il répondit sans lever le ton, non pour ferrailler comme avec ces exécrables gazetiers, mais pour se mettre, disait-il, à leur portée même s'il ne prenait point les transports en commun ni ne faisait ses emplettes au supermarché. Ce pari comprenait un risque. Seraient-ils nombreux pour suivre le spectacle ? Deux chaînes concurrentes proposaient à la même heure *La Guerre des étoiles* et *FBI portés disparus*, des programmes appréciés qui risquaient de capturer du public. Sa Majesté affronta cependant cette double rivalité. Dans un décor d'estaminet, devant une table, le Prince apparut entouré de onze Français sélectionnés par un présentateur en extase, le très populaire M. Pernaut, que nous connaissions mieux pour son amour des petits métiers et des hameaux que chaque jour il nous peignait avec attendrissement. Les invités avaient été choisis à cause des malheurs qu'ils incarnaient, une laitière dépressive, une caissière, une diplômée au chômage, un ouvrier de l'automobile qui avait le verbe haut, un petit patron, un artisan à la maigre retraite, une infirmière, ce qui permit à Notre Compatissante Majesté de traiter la santé, l'entreprise, l'agriculture, l'industrie, le travail, en répétant des phrases consolatrices qu'il avait apprises sur ses fiches. Fraternel, il s'adressait à ces braves gens en les désignant par leurs prénoms, comme s'ils étaient ses familiers, et allons-y pour Martine, Pierre, Samir, Nathalie ou Marguerite. Il en résulta que tout le monde avait ses raisons et Son Altesse aussi, mais il n'y eut à retenir que deux annonces, d'abord une étrange certitude que les faits contredisaient : « Le débat sur l'identité nationale est profondément utile », puis une prophétie osée : « Dans les semaines et mois qui viennent, vous verrez reculer le chômage. » La palabre dura deux heures ; plus de huit millions et demi de personnes la suivirent à domicile, même si nombre d'entre elles restèrent sceptiques et le confièrent aux sondeurs des gazettes. En coulisses, devant un buffet, Pierre le syndicaliste s'approcha tout près de Sa Majesté pour lui conseiller de s'acheter des lunettes et un sonotone afin de mieux voir et écouter les salariés de son pays.

Et le 28 janvier arriva, ce jeudi où Notre Prince Eternellement Jeune eut cinquante-cinq ans. Cela commença mal et dès l'aube, quand la chanteuse Brigitte Fontaine inaugura l'anniversaire sur les ondes : « Monsieur Votre Majesté, je vous gratte le cul très fort avec une fourchette, je dévore votre foie, je vous râpe le nez jusqu'à ce que vous ayez l'air d'un lépreux… » Cela continua aussi mal. Comme le Prince bachotait avec ses proches sur les déficits nationaux, son avocat prévint le Château que le tribunal venait de blanchir M. le duc de Villepin du complot dont l'accusait Nicolas Ier, et qu'il avait eu le triomphe noble en s'avançant vers les micros tendus en bouquet : « Je pourrais demander réparation, disait M. le duc, je pourrais demander des excuses, mais je n'ai pas de rancune et je garde la main ouverte. » Que signifiait cette dernière formule ? Une main ouverte peut caresser mais aussi distribuer des paires de claques.

Notre Monarque Enragé enchaîna des colères. Il réunit le cardinal de Guéant et sa garde rapprochée dans le bureau impérial pour dresser un plan d'attaque contre M. le duc. Il étouffait de fureur :

— Faut lui faire la peau, être très dur ! J'le veux à terre et sans oxygène !

— Oui, Votre Majesté, approuva Son Eminence. C'est un infâme.

— J'vais faire appel du jugement !

— Oh non, Sire. Vous avez été un peu avocat, souvenez-vous. En tant que partie civile, l'appel vous est interdit au pénal.

— Ben quoi ? J'me couche devant cette ignoble relaxe ?

— Le Grand Inquisiteur Marin, lui, peut faire appel.

— J'vais l'convoquer !

— Inutile, Votre Splendeur. Nous savons ses pensées.

— Y va relancer l'procès ?

— Sans doute, Sire. Il l'a dit hier soir au comte Marsaud, qui est de chez nous.

— Sire, ajouta un rusé, vous devriez montrer fort à propos une feinte indulgence. Jouez le magnanime, lancez un communiqué pour expliquer que vous ne poursuivrez pas en personne cette affaire de complot.

— Ça va prendre ? On va m'croire ?

— Cela va surtout redorer votre image, Admirable Seigneur.

— Votre Majesté, suggéra un autre, peut également s'exprimer comme chef de l'Etat, lequel a autorité sur notre Grand Inquisiteur impérial, mais je le déconseille, ce serait avouer que le procès de M. le duc a été faussé par votre plainte.

— Qu'y s'dépêche, le Grand Inquisiteur ! Qu'il étripe M. le duc ! Qu'il l'éparpille !

Au milieu de l'après-midi, un quidam nommé Reboux avait recruté une bande de malpolis pour crier devant le porche du Château : « Joyeux anniversaire, Sire ! » L'individu portait en outre un panneau où il avait écrit *Casse-toi, pauv'con* ! en souvenir de la mémorable phrase crachée par Notre Distingué Souverain à un anonyme qui avait refusé de lui serrer la main, parce qu'il ne voulait point se salir à son contact. Les trublions furent prestement embarqués pour insulte de lèse-majesté et jetés en garde à vue jusqu'à la nuit tombée. Entre-temps, vers cinq heures du soir, les officiers de la garde impériale proposèrent de fêter l'anniversaire du Prince ; ils s'étaient cotisés pour lui offrir l'édition originale du *Cyrano* de M. Rostand, mais ce fut un désagrément supplémentaire qui courrouça Nicolas le Névrosé, puisque cette pièce était l'une des préférées de M. le duc, et celui-ci pouvait en réciter les tirades par cœur. Du coup, on ne déboucha aucunement le champagne et Sa Majesté interdit qu'on lui parlât de relaxe. Puis Madame rentra tardivement du Bénin, où elle était allée regarder le sida, aussi le souper fut-il improvisé et familial pour clore cette terrible journée. On mangea du carpaccio, du saumon, une fondue savoyarde et un gâteau au chocolat surmonté de feux de Bengale miniatures.

Le Prince eut un lendemain plus faste. Le Grand Inquisiteur, comme prévu, fit appel du jugement, ce qui allait renvoyer M. le duc de Villepin devant des juges et lui permettre de mijoter encore quelques longs mois. Etant froide, la colère du duc n'en fut que plus intense. Il déclara la guerre à Notre Monarque Batailleur : « Mon engagement public n'est pas négociable, et il est fortifié par l'injustice de l'épreuve que j'ai traversée. » Ces derniers temps, avant même le résultat à double détente de son procès, M. le duc avait voyagé, surtout en banlieue, là où Sa Majesté n'osait pas se rendre sinon au commissariat et protégé par un régiment de police. M. le duc alla donc à Bondy, que le Prince avait promis de nettoyer au Kärcher, et il y alla dans une nuée de gazetiers, lesquels le montrèrent souriant dans une mêlée de femmes en foulards du quartier Léon-Blum, ravi du buffet de pâtisseries orientales qu'elles lui avaient préparé. «Je suis né au Maroc, dit-il avec entrain, voilà qui me rappelle mon enfance ! » Et il but son verre de thé à la menthe sous les ovations. M. le duc prêchait afin que l'on comprît sans ambiguïté qu'il se posait en adversaire de Sa Majesté, qu'il espérait la désarçonner à l'élection de 2012 quand le titre impérial serait remis en jeu. Il disait : «Je n'admets pas qu'on soit dans l'autosatisfaction alors que la France a perdu huit cent mille emplois et qu'on divertit le pays avec des débats aussi inutiles que celui sur l'identité nationale ! »

Les impériaux se concertèrent pour répondre d'une voix unique, affirmer que M. le duc n'était guère dangereux, qu'il avait peut-être le verbe sonore mais peu de troupes et pas un sou, que son procès relevait du droit commun, qu'il était pénal et non point politique. Même Madame avait appris la leçon. Au gazetier qui lui posa au micro une question là-dessus, fort mécontente, elle débita le texte préparé : «Je suis très stupéfaite par ce qu'on dit de politique sur ce procès. C'est un procès pénal, vous comprenez, il s'agit d'une affaire pénale, pas politique. C'est pénal ! » Cette stratégie concertée au Château eut l'heur de ne convaincre personne, parce que chacun constatait depuis des mois la haine que Sa Majesté portait à M. le duc, et que tous les tracas de ce dernier en découlaient. Ce fut la raison pour laquelle, dans la feuille quotidienne la mieux impériale, nous pûmes découvrir que 68 % des sondés pensaient que celui-ci se présenterait contre Notre Prince à l'élection de 2012 ; les conseillers, groupés autour de la soutane de M. le cardinal, se moquèrent moins des prétentions du duc de Villepin lorsque les instituts de mesure lui accordèrent d'entrée 8 % des suffrages, avant même qu'il fût en lice, ce qui suffisait pour mettre Nicolas Ier à terre.

Chapitre IV

UN PAYS FRILEUX DANS UN MONDE FOU. — LE RETOUR DE LA FLIBUSTE À SAINT-DOMINGUE. — DÉPLORABLE IMAGE DE SA MAJESTÉ À L'EXTÉRIEUR. — COMMENT PERDRE. — DÉSARROI DES IMPÉRIAUX. — M. DE VILLEPIN MONTRE SES CROCS. — LA BATAILLE DES RÉGIONALES. — L'IMPOSSIBLE DUC DE MONTPELLIER. — VICTOIRE DU PARTI SOCIAL. — LA COMPLAINTE DES RUMEURS. — PORTRAIT DE MADAME EN MARIE-ANTOINETTE.

L'hiver s'éternisait. Le froid descendait de la Scandinavie par vagues incessantes entre des rémissions trop brèves. Il y avait eu moins de soleil à Nice que de coutume, comme ailleurs puisque les rues de Washington étaient couvertes d'un mètre de neige, que les médecins de Berlin opéraient sans relâche les blessés du verglas, que des villages bulgares étaient coupés du monde par la tempête. La grande salle du Sénat étant chauffée, on y débattit sur le rôle des bistrots dont le nombre baissait, passant de deux cent mille il y avait un demi-siècle à trente mille ; la tasse de café était trop chère pour les étudiants et les banlieusards qui aimaient jadis y faire halte, bavarder et nouer des amitiés de hasard. Le recul du chômage annoncé par Notre Imprudent Souverain se traduisit par une hausse ; sa géniale idée de subventionner les heures supplémentaires avait empêché la création de dizaines de milliers d'emplois et creusé le déficit public ; ses interventions rageuses auprès des grandes firmes pour éviter les fermetures d'usines ne servaient à rien. Résignés, abattus, incrédules, les citoyens n'avaient même plus la force de se mobiliser, ils grognaient mais ils subissaient. Le duc de Bapaume, M. de Levoye, lequel tenait le rôle de médiateur impérial, remit son rapport annuel à Sa Majesté ; il y révélait un état de lassitude générale et de tension nerveuse, il y notait l'émiettement des individus, leur détresse. M. de Levoye estimait à quinze millions ceux auxquels manquaient quelques dizaines d'euros pour parvenir à la fin du mois. Bien des professions étaient malmenées. Les députés eux-mêmes se plaignaient de voter à la chaîne des lois bâclées. Les enseignants se sentaient usés et un quart d'entre eux songeaient à démissionner ; ils ne supportaient plus la violence quotidienne de leurs élèves qui les giflaient, les insultaient, les menaçaient avec des couteaux ou incendiaient leur école. « A quoi ça sert, les études, résumait l'un de ces gamins, si c'est pour être pauvre ? » L'illettrisme progressait.

Il y avait malgré cela des heureux. Les banques profitaient de la crise mondiale, les financiers spéculaient sur les dettes abyssales des Etats, mettaient en bouillie la Grèce, s'attaquaient à l'Espagne et au Portugal, exigeant partout de la rigueur et des plans de redressement que les peuples supportaient mal. Les marchés anonymes gouvernaient la planète et entendaient tirer parti de la moindre faillite, fût-elle indépendante des hommes comme en Haïti, notre ancienne Saint-Domingue ravagée par une effroyable secousse de la terre. Il y eut plus de deux cent mille morts et d'innombrables survivants qui s'aménageaient des abris dans les ruines de Port-au-Prince. Un élan de générosité internationale, né de l'émotion, s'éteignit quand cette émotion retomba. On vit alors des flibustiers trafiquer les enfants. On se mit à parler plus de commerce que des besoins du pays dévasté. Des missionnaires baptistes de l'Idaho avaient essayé de franchir la frontière de la République dominicaine avec trente-trois marmots de deux à douze ans. C'étaient des orphelins, expliquaient-ils, quand on se rendit compte que vingt d'entre eux ne l'étaient point. On apprit à cette occasion que les marchands d'enfants prospéraient aux Caraïbes depuis longtemps, que plus de deux mille mineurs se retrouvaient chaque année dans des réseaux de mendicité, de prostitution ou de vente d'organes. Que valait un enfant ? Cinq dollars. Il y avait désormais plus de quatre cent mille orphelins en Haïti. Après avoir larmoyé sur le désastre de notre ancienne colonie, qui s'était émancipée toute seule, Notre Exalté Souverain céda le terrain aux Américains comme il avait cédé un morceau de la Géorgie au Tsar Vladimir, un an et demi plus tôt. A l'époque, Sa Majesté s'était félicitée d'avoir su imposer un cessez-le-feu, mais on s'aperçut que les troupes russes occupaient toujours un cinquième de la Géorgie, qu'elles y avaient bâti quatre bases supplémentaires et que dix mille soldats interdisaient aux organisations charitables de secourir les réfugiés. Le Tsar Vladimir avait en réalité dicté ses volontés à Notre Piteux Monarque et celui-ci avait obtempéré, afin de ne pas froisser la susceptibilité russe au moment où nous avions des armes à vendre.

Pour l'instant, Notre Cher Leader se mêlait en personne des prochaines élections à la tête des baronnies locales, et il réunit en Conseil extraordinaire les principaux chefs du Parti impérial.

A ces lieutenants, qui avaient mission d'emporter des provinces contre le Parti social, Notre Eclairant Monarque livra ses objectifs ; il voulait la Provence, les Alpes, le Languedoc, la Loire, la Basse-Normandie, la Champagne, l'Ile-de-France. « Tout progrès sera un succès », appuyait le baron Bertrand en faisant très bas la révérence. Notre Vibrant Autocrate composa au Château les listes impériales qu'il lancerait à l'assaut, sans consulter ni même avertir ses serviteurs locaux. Sur un écran géant, près de l'Aquaboulevard parisien, les noms défilèrent en accéléré. « Pas si vite ! se plaignaient les militants. On ne peut rien lire ! » Beaucoup protestèrent parce qu'on leur imposait chez eux des inconnus ou des alliés, et que le Parti impérial n'était plus partout en majorité. Sa Majesté s'ouvrait en effet aux centristes, aux chasseurs, à la droite forte. On vit même le secrétaire général d'un syndicat de police figurer en tête de la liste de Seine-Saint-Denis. Certains ministres se dérobèrent franchement car, au cas d'une victoire, ils devaient abandonner leur poste pour s'installer en région. M. d'Hortefouille refusa l'Auvergne, un secrétaire d'Etat rejeta le Poitou, un autre la Provence. La baronne Bachelot prétexta sa gestion du vaccin contre la grippe pour se réfugier dans son ministère ; elle manigançait avec des instances médicales internationales afin de revendre ses doses à des pays pauvres, ainsi les Togolais reçurent un lot de cette potion qu'ils croyaient efficaces contre le paludisme.

Dans le *Hiéron* de Xénophon, le poète de Cour Simonide interrogeait le tyran de Syracuse sur la terrible solitude du pouvoir absolu. Hiéron parlait de ses misères. Les gens de valeur, disait-il, étaient capables d'ourdir un complot ; un tyran devait donc s'entourer de scélérats et de serviles, des gens qui ne réclamaient point la liberté mais des faveurs. Notre Magnifique Tyranneau savait ces choses, mais il ne pouvait s'empêcher de débaucher les talents du Parti social pour diviser celui-ci. Aussi nomma-t-il à la Cour des comptes et au Conseil de la Constitution MM. Migaud et Charasse, qui le tutoyaient, le premier comme spécialiste des finances publiques, le second parce que l'ombre naguère du roi Mitterrand. Ces nominations renforcèrent la souffrance du Parti impérial, où l'on murmurait que ces trophées ne rapportaient rien à la Droite et ne feraient pas perdre une seule voix à la Gauche.

Ce fut naturellement de la Droite que vinrent des flèches au curare contre la manière de gouverner du Prince. Dans son statut d'irréductible adversaire, le duc de Villepin se sentait de mieux en mieux à son aise, et il faisait campagne de son côté, pour lui d'abord, contre Sa Majesté ensuite. Après les banlieusards il visita les agriculteurs, que le Prince négligeait. On le surprit au marché de Lesneven, en Bretagne, qui admirait des tomates, puis dans une porcherie où il berça un porcelet agité. « Ça me rappelle quelqu'un », dit-il en riant, car jamais il ne prononçait le nom de son ennemi mais y faisait sans cesse allusion, comme, plus tard, au café du village, en avalant une saucisse grillée : « L'appétit, c'est indispensable en politique. Il faut savoir se tenir à table » ; chacun savait que le Prince buvait de l'eau et mangeait des yaourts.

De dix heures du matin à sept heures du soir, parmi la pagaille des visiteurs, M. le duc serra des mains à chaque stand du Salon de l'agriculture, quand Notre Prudente Majesté ne vint pas à l'inauguration, comme cela était la tradition, par crainte de recevoir des pommes cuites sur son veston. M. le duc avala des fromages, des charcuteries, il but des verres de bière, de vin rouge, de punch tout en restant frais ; il prit la pose avec des enfants dans les bras, flatta le pelage des vaches, nomma en érudit chaque espèce de volaille et bluffa les paysans.

— C'est la classe au-dessus du Prince, quand même, dit une dame.

— Lui au moins il est poli, il traite pas les gens de cons, dit un monsieur.

Sans doute, mais, en dehors de Notre Revanchard Leader, personne n'avait envie d'insulter M. le duc.

Sa Majesté vint enfin au Salon, pour sa clôture avant l'arrivée du public ; elle écouta les doléances des agriculteurs et leur promit des millions. Le Prince fit ensuite des déplacements dans les sous-préfectures, les petits villages, les fermes pour cajoler et reconquérir des électeurs qui le boudaient. Sur les chantiers de Saint-Nazaire menacés, il affirma avoir signé un accord avec un armateur italien pour la construction d'un paquebot de croisière, même si cet accord n'était qu'une hypothèse. En Corse, l'une des deux régions qui appartenaient aux impériaux et que la Gauche commençait à grignoter, il réclama l'union de ses partisans. Ce fut à Pontarlier, dans une usine de métallurgie, qu'il changea de musique : « Vous m'demandez si j'vais chambarder mes ministres après les élections ? Pourquoi, hein ? Elections régionales, conséquences régionales. Elections nationales, conséquences nationales. Faut arrêter avec c't'instabilité ministérielle où on remplace les ministres tout l'temps ! » Il fallait suivre le raisonnement heurté du Prince, qui jusqu'à présent voulait que ce vote fût national. Notre Etourdissant Monarque reprit le thème dans une gazette impériale, afin qu'il rentrât bien dans les têtes. Aux quatre libellistes en service commandé qui feignaient de le questionner sur son engagement partisan, il répliqua fièrement et avec une insondable tartuferie : « Où avez-vous vu que lors de mes déplacements j'avais appelé à voter pour tel ou tel candidat ? J'ai pas donné de consignes de vote et j'le ferai pas. » Le Prince était juste allé soutenir les impériaux par sa présence et avec ses promesses, mais les contradictions flagrantes ne l'avaient jamais tourmenté ; il était capable, sans rire mais avec une fausse candeur, de nier la réalité. La tempête Xynthia en apporta une nouvelle preuve.

Lorsqu'il se rendit en Vendée pour constater les dégâts et déplorer les cinquante-trois morts de l'inondation, Notre Souverain Désolé trouva incompréhensible qu'à notre époque on pût se noyer dans son salon. Il y avait cependant des raisons simples à ce phénomène. Pourquoi cent mille maisons avaient-elles été construites en zone inondable depuis dix ans ? Parce qu'il fallait que les affaires tournassent et que les promoteurs, les édiles, les députés, les commis des administrations en profitassent ; il suffisait de contourner une réglementation sévère pour se garnir les poches de banquenotes. Les anciens étaient plus malins ou moins cupides ; ils savaient la nature et ses risques. Lorsque des légions romaines avaient construit un camp à l'emplacement de ce qui devint Amiens, ils avaient été prévenus d'une possible montée des eaux par les Gaulois de la région, et ils avaient bâti sur pilotis. L'an passé, un ingénieur avait démontré que le littoral vendéen était vulnérable et les digues ruinées. Il avait raconté la catastrophe avant qu'elle ne se réalisât, des vagues qui submergent les champs, la rivière qui déborde, les maisons dans l'eau jusqu'aux toits, les habitants qui se noient dans leur lit. « Et la Hollande ? lui demandèrent les bétonneurs ; à la première marée on expatrie cette population qui vit depuis des siècles au-dessous du niveau de la mer ? Les affaires d'abord. » C'était l'opinion de Sa Majesté ; elle avait affirmé le 29 avril dernier, pour saluer le funeste projet d'étaler Paris jusqu'à la pointe du Havre entre deux rives cimentées : « Faut déréglementer ! Faut rendre constructibles les zones inondables ! »

La campagne impériale se poursuivait cahin-caha. Les candidats de Sa Majesté s'attachaient à combattre leurs opposants bien en place avec des critiques sur leur bilan, leurs impôts énormes, leur absence de programme. Notre Fébrile Leader les y aidait, draguant le populaire tenté par la droite extrême, caressant les paysans qui aimaient les pesticides et les lisiers pollueurs.

Pour amadouer ceux-ci, il prit le ton du plaisantin satisfait : « J'voudrais vous dire un mot de toutes ces histoires d'environnement, parce que, là aussi, ça commence à bien faire. » Sa Majesté ouvrait la voie. Il devenait autorisé de souffleter les Verts, lesquels ne voteraient jamais en masse pour Notre Fier Leader ; pour déconsidérer la Gauche et ses alliés on allait s'en prendre aux hommes. Le premier qu'on trouva fut M. Ali Soumaré, d'origine malienne, très noir de peau, tête de liste dans le Val-d'Oise. Les maires de Franconville et de Saint-Leu-la-Forêt le traitèrent de délinquant multirécidiviste chevronné. Ils montrèrent une sorte de casier judiciaire très rempli de méfaits. M. Soumaré protesta. Dix ans plus tôt il avait participé en bande à un larcin, d'accord ; il s'était interposé dans une querelle de voisinage, d'accord. Il fallait dire qu'il était né à Villiers-le-Bel où, en 2007, première année du règne, deux jeunes en moto avaient été renversés par une voiture de police qui roulait vite, et qu'il avait servi d'intermédiaire, naturellement, puisqu'il était premier secrétaire de la section du Parti social. Le reste ? Du vent. On s'aperçut en cours de route que le maire de Franconville avait autrefois été mis en examen pour une affaire de trafic d'influence. Alors ? Le faux casier judiciaire sortait-il de ce fichier de la police où l'on dénombrait trente-neuf Ali Soumaré ? Venait-il d'un greffier du Tribunal de Pontoise ? La question se retourna. Comment des élus avaient-ils eu accès à des renseignements réservés aux policiers et aux magistrats ? Cela serait-il arrivé si Ali s'était appelé Martin ?

Heureusement qu'il y avait le duc de Montpellier, M. Frêche, dont même le Parti social ne voulait plus mais qui pouvait servir contre lui en accentuant son émiettement. Comme M. d'Hortefouille, condamné pour blague raciste quoique Prince de Beauvau, comme M. Raoult connu pour son élégance dans les mêmes matières, le duc de Montpellier avait la repartie assassine et grossière. Dans une réunion, il avait répondu au comte Fabius, lequel avait laissé entendre qu'il ne voterait point pour lui s'il était du Languedoc : « Voter pour ce mec en Haute-Normandie me poserait un problème : il a une tronche pas catholique. » Sur le moment, on rit et on oublia ; il fallut que le mot ressurgît un mois plus tard dans une gazette pour traîner après soi une guirlande de protestations. Le duc de Montpellier fut alors considéré comme un antisémite. Quel malintentionné avait mis cette phrase en lumière ? Elle tombait bien. Le duc répliqua : « C'est une expression du XIXe siècle qui est dans tous les dictionnaires. Cela signifie ne pas avoir confiance en quelqu'un, et voilà vingt ans que je me méfie de Laurent Fabius. »

Avec son mètre quatre-vingt-douze, ses cent vingt kilos et sa canne, le duc de Montpellier figurait en notable. Il jouait la province contre Paris, évoquait souvent son grand-père qui se battait avec des ours, racontait qu'il avait fui les grandes écoles pour rentrer en 2 CV à Montpellier dont il finit par prendre le trône. C'était un bâtisseur, un tribun ; il tenait les clefs du coffre et s'entourait d'obligés. Le Parti social l'avait exclu à cause de sa plaisanterie contre l'équipe de balle-au-pied, parce que sur onze joueurs on trouvait neuf Noirs, mais il affirma qu'il avait voulu montrer mieux la nullité des Blancs. Il en sortit vainqueur comme à chaque fois : « On m'a fait sept procès et je les ai tous gagnés ! »

Il avait le verbe haut, très haut même, envoyant à un premier adjoint : « Salut, traître ! Je vais te couper les couilles et tu ne t'en rendras même pas compte », ou à l'ancien doyen de la Faculté de médecine : « Toi, je vais te saigner comme un poulet ! »

Il traitait Notre Majesté de grand mamamouchi avec des talons compensés mais il avait enseigné l'histoire du droit, lisait le grec et pouvait converser sur le gallicanisme avec un cardinal.

Simplement il était démagogue et aimait choquer.

« Moi je tire le premier, disait-il, et après je pleure, comme ça je survis. » Ou encore : « Mon secret, c'est que les gens m'aiment. Pourquoi ? parce que je suis sympathique. A Paris les gens me voient comme un bandit qui menace et distribue des prébendes. La vérité est que je suis un intellectuel brillant et un homme simple. » Le Parti social dut se résoudre, après de trop longues hésitations et au dernier instant, à se faire représenter par une Mme Mandroux qu'il balaya d'un revers : « Elle a été dix-huit ans mon adjointe, mais elle n'a pas eu une seule idée en six ans, elle est creuse, sa tête enfle... » Dans sa région, toutes les fédérations étaient derrière lui.

Ces attaques ne servirent à rien, même pas à semer la zizanie, car la raclée fut mémorable dès le premier tour du scrutin. Notre Monarque en fut un moment abasourdi, puis, se ressaisissant, il nia cette défaite et dicta à ses courtisans les paroles à tenir :

— D'abord, faut dire qu'on peut pas analyser des résultats quand plus de la moitié des gens sont pas venus, donc, c'est pas un vote sanction, et on a une semaine pour se refaire.

— On est à la mi-temps, osa la Princesse Rama.

— C'est ça. Faut dire que le match il est pas joué. Faut dire aussi que le Parti social pourra pas s'allier avec les Verts, ils sont contents sur rien, et que la droite extrême a reculé…

— C'est moins certain, Sire.

— Si ! Reculé ! Je l'ai promis !

Le chevalier Le Febvre, les comtes Bertrand, Copé et Chatel répétèrent ce langage à l'infini sur les fenestrons et aux microphones. Pourtant, le Parti social avait trois points d'avance et des réserves de voix ; pourtant la droite extrême retrouvait ses électeurs. Exaspérés par cent réformes mal cousues, ce furent les partisans impériaux qui ne s'étaient point déplacés, comme dans l'Est, mais Sa Majesté n'en démordait pas, elle voulait encore la Franche-Comté, la Champagne, la Basse-Normandie, la Provence, le Rhône, même l'Ile-de-France.

Un événement autrement considérable était venu brouiller ces élections et voiler des yeux. Jean Ferrat était mort à soixante-dix-neuf ans. Il vivait depuis quarante années à Antraigues entre ses dahlias, la pêche à la truite et la pétanque ; il chantait *Potemkine*, sa môme, Aragon et don Pablo Neruda. Quand le mardi suivant on l'enterra, ils furent nombreux à arriver de tout le pays. Cette foule silencieuse avait la sincérité et l'émotion qui manquaient à Notre Prince. Le ciel était d'un bleu pur. L'unique route avait été fermée et des navettes acheminaient les attristés. Certains avaient dormi dans leurs voitures, d'autres disaient : « Nous aurions traversé des océans pour être là. » Lorsqu'Isabelle Aubret entonna *La Montagne* a cappella, des milliers de voix reprirent au refrain. Place de la Résistance, dans ce petit village de l'Ardèche rugueuse, Francesca Solleville chanta *Ma France*, laquelle se situait aux antipodes de celle que nous imposait Sa Majesté :

> Picasso tient le monde au bout de sa palette
> Des lèvres d'Eluard s'envolent des colombes
> Ils n'en finissent pas tes artistes poètes
> De dire qu'il est temps que le malheur succombe
> Ma France…

Le marquis de Valois, qui envoya un factotum à Antraigues, écrivit un faire-part de ce genre : « Un chanteur indépendant et humaniste tant par l'importance de l'œuvre qu'il nous laisse que par ses prises de position dans le débat social. » Le Prince lut un texte qu'on lui avait tarabiscoté au Château, pour louer l'artisan, puis il fouailla ses troupes afin qu'elles allassent partout remuer les indécis.

Lui-même se plaça au-dessus, comme un autocrate à l'écoute. Il s'envola donc pour la Vendée martyre.

Quitte à salir ses escarpins dans la bouillasse de

la côte, il se rendit en cortège auprès des éleveurs d'huîtres de Bouin, en baie de Bourgneuf-en-Retz, ou des pompiers regroupés au Conseil général. Le Prince soupira quand on lui posa une question très malvenue sur le vote : « C'est indécent, ça ! Ces gens sont passés à deux doigts de la mort, ils ont vu une vague de deux mètres dans leur cuisine, pardon, mais je veux pas parler ici des élections... » Sa Majesté se contentait de recueillir les mots des sinistrés en répétant : « On vous laissera pas tomber. » Cela n'empêcha pas les préfets et les ministres de cafouiller :

— Faudra tout raser, dit l'un.

— Il y a déjà des zones rouges inconstructibles, dit l'autre.

— On va délimiter des zones noires, dit un troisième.

A ce moment, par aubaine, un policier fut abattu par un militant basque, ce qui raviva aussitôt la chanson de la sécurité pour voler des voix extrêmes. Cela s'était passé à Dammarie-les-Lys où Notre Fougueux Souverain courut réconforter la famille du mort : « La France va pas se laisser intimider pas des terroristes espagnols ! La violence doit reculer dans notre pays et elle reculera ! » Le Prince oubliait qu'il avait déja dit cela plusieurs fois, parce qu'il commandait les polices depuis déja huit années.

Alors il mêla tout, un policier tué à Chessy par des cambrioleurs, un autre blessé à Tarascon, et M. Fillon, le Premier des ministres, déplora le décès d'un brigadier à Epernay quand l'homme venait de sortir du coma. Il y avait de la panique, cela se sentait ; rien n'y fit, on fut partout écrasé, sauf à Strasbourg où Sa Glorieuse Majesté avait eu le bonheur de ne point se rendre, à la demande des élus méfiants. En métropole, le Parti impérial ne gardait qu'une province sur vingt-deux, même la Corse avait flanché. Vingt ministres et secrétaires d'Etat s'étaient inclinés devant les sortants du Parti social. A la mairie de Lisbourg, dans le Pas-de-Calais, un guerrier de la princesse de Montretout, Mme Le Pen, avait même gagné vingt points, ce qu'expliquait un fermier : « Ils ont pas voté le bonhomme, ils ont voté le mécontentement. » Sur la chaîne principale des fenestrons privés, la soirée fut écourtée et les programmes anodins reprirent plus vite que prévu ; le baron Bertrand, chef du Parti impérial, se cachait.

Depuis quelques mois circulaient dans Paris des rumeurs sur les relations rageuses de Leurs Majestés. Untel vous prenait la manche au détour d'un couloir, il vous entraînait et vous confiait ce qu'il savait de source proche et même très proche :

— Au Château, la semaine dernière, un officier de sécurité a dû les séparer tellement ils se battaient.

— Mais pourquoi ?

— Le Prince a été surpris par Madame avec une gourgandine.

— Et alors ?

— Il recommence. Madame est très jalouse.

— C'est bien vrai ?

— Juré ! Je tiens la chose de X, qui était là. Et la dernière fois que Notre Prince s'est rendu chez Madame, quand il a mis sa clef dans la grille d'entrée, elle n'a pas tourné. Dans la journée, Madame avait fait changer l'ensemble des serrures. Sa Majesté a dû rentrer au Château.

— Où Madame n'habite pas...

— Elle déteste le Château.

— Ils ne se voient plus ?

— De fait, non, presque plus, juste un petit tour pour la galerie quand il y a des réceptions, mais il y a de moins en moins de réceptions...

Ces choses ne sortirent point d'un cercle réduit. On sauva donc les apparences jusqu'au jour où Madame envoya un message de félicitations à un chanteur de sa maison de disques, lequel venait d'obtenir deux Victoires de la musique. Le soir même, dînant avec des amis comédiens, le chanteur leur montra ce message excessif très italien où il était question de chanson et d'amour. Les autres répandirent la nouvelle dès le lendemain, et elle se déforma sur un site électronique ; on y apprenait que Madame avait un nouvel amant et qu'elle allait quitter Nicolas Ier. Sept cents sites relayèrent la rumeur, avant de nourrir le forum électronique du *Journal du Dimanche* qui montrait que si Madame avait une liaison avec un chanteur, le Prince faisait de même avec une secrétaire d'Etat. Retranché derrière la réputation de la gazette française, *The Sun* reprit l'information, puis le *Daily Telegraph* mit en une la photo des deux rivales, puis *The Sun* revint à l'assaut avant *The Post* ; la revue de presse de France 24 en parla, *La Repubblica* prit le relais, et *La Stampa*, et le *Daily Mail* : « Ont-ils trouvé chacun un nouvel amour ? » Lorsque le Prince tint une conférence de presse à Londres, avec sir Gordon, on lui posa une question à ce sujet, il s'énerva et devint blanc, le muscle de sa joue se crispa, il répliqua avec son air méchant : « J'ai pas une seconde à perdre avec ces élucubrations, même pas une demi-seconde ! » N'empêche que le mal était fait. Les doutes subsistaient et suivaient leur cours. Malgré les démentis, c'était désormais acquis que Leurs Scintillantes Majestés ne se supportaient plus, que Madame préférait le pouvoir au Prince, qu'elle se plaisait aux facilités, que les services de l'Etat étaient à son service et accouraient au premier claquement de doigts. En vieillissant elle se raidissait et commençait à ressembler à sa mère. « Comme elle a changé », disait une amie. Madame devait respecter son contrat, tenir jusqu'en 2012 et l'élection ; il fallut organiser une contre-offensive. Elle s'y plia, se montra souriante dans un fourreau qui la moulait pour recevoir le Tsarevitch Dimitri au Château, ce qui ne lui était pas arrivé depuis cinq mois ; elle laissa même Sa Majesté lui mettre la main aux fesses. Ensuite elle se montra pour un dîner intime chez les Obama ; elle en profita pour visiter des écoles d'art et un établissement défavorisé avant de poser au restaurant de Central Park, amoureuse jouée de Notre Splendide Monarque. Une gazette titra sur papier glacé : « Seconde lune de miel à New York avec Nicolas. » D'autres moins favorables prétendirent que des policiers remontaient la piste des rumeurs. Madame se rendit dans une radio périphérique pour crier son indignation : « Il n'y a eu aucune enquête de police. C'est inimaginable de dire une chose pareille. Il n'y a pas d'enquête de police. Il n'y a pas d'enquête tout court. On ne fait pas d'enquête sur des commérages. »

Cependant le Grand Inquisiteur Marin avait lancé une enquête, et le Surintendant Squarcini, très proche de Sa Majesté, l'avait confirmé une heure après le mensonge de Madame. L'avocat attitré du Château avait évoqué une machination pour déstabiliser le Prince et son épouse. M. de Charon, ce Premier valet de chambre si bavard dont nous avons esquissé un portrait dans notre précédent volume, avait dévoilé une cabale et voulut que la peur changeât de camp. Même M. d'Hortefouille s'en mêla : « Le fait que ces rumeurs aient été relayées dans la presse en Grande-Bretagne, en Germanie et en Suisse peut faire penser à un complot. » Le contre-espionnage entra dans la danse. Ses agents délaissèrent un moment le terrorisme pour traquer la vipère qui jetait Leurs Majestés en pâture ; ils récupérèrent les factures de nombreux portables, notèrent les communications, recoupèrent leurs informations, firent part de leurs doutes et de leurs certitudes. Une vague de paranoïa aiguë s'insinua dans les ministères et dans les salons parisiens ; avant de se rendre à des visites confidentielles, certains ôtaient les batteries de leurs appareils. Un nom finit par transpirer de ces sauvages investigations, celui de la baronne d'Ati, cette ancienne favorite exilée à Strasbourg. Notre Fulminant Monarque vit rouge. Sur-le-champ, la baronne se vit supprimer sa limousine, son téléphone et son escorte. Elle enrageait. Elle appela même M. d'Hortefouille pour se lamenter. « Euh, dit l'autre, c'est par mesure d'économie... » Elle lui raccrocha au nez, tout en fureur.

Madame suivait l'enquête heure par heure. Avec l'ancienne belle-sœur de Sa Majesté, une amie de la baronne, elle fut presque menaçante : « Je sais tout. J'ai vu de mes yeux des rapports de police. » Elle le répéta à l'impératrice Cécilia, et même à la femme de l'émir du Qatar : « J'entends ce qui se dit chez vous sur notre couple. Vous savez, une enquête est diligentée pour tentative de déstabilisation. » Madame nia avoir tenu de pareils propos, mais cela n'empêcha pas le *Guardian* de donner son avis : « Ce scandale et le traitement infligé à la baronne d'Ati montrent que la Cour du chef de l'Etat français est aussi vindicative et cruelle qu'au temps de Marie-Antoinette et de Louis XVI... »

C'était vrai.

S'il y avait peu du serrurier amateur chez Notre Précieux Souverain, il y avait de l'Autrichienne chez l'Italienne. Dans un magazine qui lui consacra ses cent vingt-six pages, où elle prenait une pose très étudiée en couverture, elle exhibait son amitié fort étroite avec une mannequin d'antan et une théâtreuse rousse, qui firent son éloge : « Elle est la sœur que nous n'avons pas eue. » Et elles montraient leurs cuisses dans du velours d'Azzedine Alaïa ou dans des dentelles de Sonia Rykiel ; l'une utilisait un mascara repulpant, l'autre ne buvait que du Pi-erth Tea ramené de Chine. Madame n'était pas en reste. On savait tout de ses goûts et de ses plaisirs, qu'elle aimait une crème glacée qu'on ne trouvait qu'à Turin ou ces ballerines en cuir verni à trois cent quatre-vingts euros. Pour se reposer ? Rien ne valait le Canyon Ranch, dans le Massachusetts, mais son lieu de retraite favori se nichait près de Bora Bora, dans une île à louer pour vingt personnes, pas plus. Et nous suivions Madame loin des manants, dans ces boutiques où elle craquait pour un cabas en osier tressé et veau végétal à trois cent soixante-cinq euros. Ces Créoles Trinity XL en or jaune de chez Cartier ? Une paille de deux mille six cent cinquante euros. Ce petit tailleur-jupe en laine signé Dior ne valait que mille sept cent cinquante euros, et le sac New Bamboo en crocodile onze mille huit cents euros, mais de Gucci. Armée de semblables colifichets, Madame put suivre son mari en Chine, où il espérait des contrats de nucléaire et d'aéronautique. « Vedette surprise de l'Exposition universelle, elle séduit les Chinois », écrivit une gazette où on la voyait caresser un tronc avec Sa Majesté, sous les pins et les cyprès centenaires d'un Jardin du Bonheur Etabli. On la revit en satin noir qui faisait mille grâces à l'Empereur Hu. Au dîner de gala, en son honneur, l'orchestre de l'Armée populaire de libération joua deux de ses chansons tandis qu'on trempait la cuiller dans une soupe de coquilles Saint-Jacques, juste avant le cabillaud rôti.

Foin de mondanités ! Madame avait aussi une fondation. « Nous allons soutenir des projets pour les sans-abri, le milieu carcéral et les handicapés », avait-elle promis. Son siège social était au 20 *bis*, rue de La Boétie, à Paris, à côté du Parti impérial. C'était un petit bureau dans les locaux d'une autre fondation qui s'occupait des animaux. Le local était assez grand pour une secrétaire et une responsable qui avaient peu de travail. Un designer était allé parler dans une classe de Dreux, des lycéens étaient sortis au musée, quelques milliers d'euros avaient été remis à des bénévoles dans une usine d'Anjou, pour lutter contre l'illettrisme…

Chapitre V

TOUTE-PUISSANCE DE M. LE CARDINAL. — FINI DE RIRE. — LA FUMÉE DU VOLCAN. — DES MINISTRES IRRÉPROCHABLES. — SONNER LA RETRAITE. — LA MILLIARDAIRE ET LE GIGOLO. — LA MILLIARDAIRE ET LES ENVELOPPES. — LE DUC ET LA DUCHESSE DE CHANTILLY, JUSQU'AU COU. — LES DEUX JUSTICES. — MADAME EN VEDETTE. — JALOUSIE DU PRINCE.

Le Parti impérial était fort déconfit et l'humeur de ses membres affectée. « C'est un coup dans les gencives », disait le lieutenant général Raoult qui avait vu ses électeurs divisés par deux. Son collègue du Haut-Rhin était terrifié : « On n'a jamais douté comme ça dans l'histoire de la Droite. » En Mayenne, le député craignait pour les prochaines législatives : « Les chasseurs, les médecins, les notaires, les agriculteurs, on a perdu tout le monde parce qu'on a trop agressé ! » Un sénateur lui répondait : « Nicolas Ier s'intéresse plus aux histoires d'assainissement de la maison de sa belle-mère qu'aux agriculteurs. » Un autre, très à l'extrême, critiquait le bobo-gauchisme de Madame, et un élu de Seine-Saint-Denis réclamait la suppression du ministère de l'Immigration. « Notre peuple a le tournis », jugeait un élu de Maine-et-Loire ; celui du Loiret rappelait la dernière visite de Sa Majesté dans sa commune : « Il y avait plus de policiers que d'habitants dans les rues. » En bon apôtre du court terme, Notre Insaisissable Prince écouta, modéra, compara mais ne recula point. Au lieu de ralentir et de prendre une pause, il allait accélérer ; il décida de recevoir au Château, une fois par mois, députés et sénateurs qu'il s'agissait de reprendre en main pour les charmer. Dans cet état d'esprit tortueux, Notre Mirifique Souverain se refusa à remanier son gouvernement en grand, puisqu'il y avait trop de perdants et pas assez d'hommes neufs, alors il le rafistola. Ainsi nomma-t-il l'avantageux comte de Tron à un secrétariat pour ennuyer le duc de Villepin dont il était, croyait-on jusque-là, l'un des preux ; M. de Mariani, à qui la place était promise, s'en étrangla : « Nicolas Ier, plus tu lui craches à la figure, plus il aime ça ! » A la place de M. Woerth, empêtré dans son rôle de trésorier, il plaça au Budget le jeune duc de Troyes, M. Baroin à la mèche folle, pour l'anesthésier afin qu'il cessât ses critiques, et cela fut sur-le-champ vérifié. Le chevalier d'Arcos, lequel venait de se faire écraser à Périgueux, se retrouva sans métier lorsque ce même M. Woerth, duc de Chantilly, lui chipa son fauteuil du Travail ; le duc se voyait promis aux plus prestigieux des postes, même à remplacer le moment venu un M. Fillon, duc de Sablé, qui était Premier des ministres et fort encombrant, plus coté que Sa Majesté et que les députés avaient même eu l'outrecuidance d'applaudir debout.

Le pouvoir se resserra au Château.

M. de Charon, prié de se taire quelque temps, fut exilé à Chambord où il s'occuperait des chasses impériales qui avaient été supprimées. M. Verdeaux avait la confiance de Madame, il grimpa donc à mesure que la conseillère Pegard s'éloignait dans une autre aile du Château, car elle avait suggéré de transférer M. Albert Camus au Panthéon et cela avait causé trop d'émoi. Le chevalier de Guaino boudait dans son grand bureau et ne se rendait même plus aux réunions matinales, lesquelles furent également comprimées. Ils se retrouvaient à quelques-uns autour de M. le cardinal de Guéant pour gouverner le pays en entier.

Son Eminence se prenait pour le vice-roi.

Dans une gazette impériale en quatre couleurs, il sortait de son ombre naturelle pour se montrer. Le voici sur l'échelle d'une librairie qui ouvrait le *Dix-Huit Brumaire* de M. Bainville, sans le lire. Le voici sous les arcades de la rue de Rivoli, attablé dans un café désert. Le voici traversant le jardin des Tuileries enneigé, les mains dans les poches de son manteau noir pour imiter le roi Mitterrand. Le cardinal avait des petits yeux qui roulaient derrière des lunettes sans monture, cravaté dès le réveil, avec un pantalon de flanelle gris souris et un pull bordeaux en V. Il était chaque jour au Château de huit heures du matin à dix heures du soir, passait son temps en réunion, distribuait des ordres et recevait à la place de Sa Majesté les fâcheux. En toutes circonstances il gardait son calme et n'exprimait rien, mais Notre Cher Leader l'aveuglait ; celui-ci lui aurait demandé de sauter par sa fenêtre sur la pelouse du Château, M. le cardinal aurait sauté sans la moindre hésitation. Ce haut fonctionnaire s'était constitué au fil des ans des réseaux commodes dans la finance, la police, les affaires ; des dictateurs l'appelaient sur ses cinq téléphones. Grâce aux contacts du baron Pasqua, avec lequel il débuta sa carrière, cet ennuyeux, qui était le contraire exact de Sa Turbulente Majesté, connut personnellement les familles régnantes du Gabon, de la Côte d'Ivoire ou de l'Angola. Aussi, lorsque le tyran Wade se plaignit du chevalier de

Rufin, notre ambassadeur qui critiquait ses projets somptuaires, ce fut M. le cardinal en personne qui le rappela du Sénégal. Il avait des liens sérieux avec les services secrets syriens, algériens ou libyens, menait une diplomatie parallèle forte pour asseoir les grands groupes français du pétrole, du nucléaire et du bâtiment. Il supportait avec patience les cris de Son Altesse ; les injures glissaient sur lui comme sur le plumage d'un gibier d'eau. Avec sa classe phénoménale, Notre Très Imagé Souverain disait de lui : « Je perce le trou, il creuse le tunnel. »

A côté de la grande politique que menait M. le cardinal, et sur laquelle il croyait avoir des prises, les affaires quotidiennes relevaient des ministres ; ils peinaient à y faire front. Le chômage franchissait la barre des 10 % pour la première fois depuis dix ans, dont un quart chez les jeunes. Les inégalités de traitement parurent intolérables ; personne ne comprenait que la punition de M. de Charon fût d'inviter six fois par an, aux frais des contribuables, les grands patrons, les impériaux, les chefs étrangers pour des battues de sangliers à Chambord, avant un dîner aux flambeaux dans la grande salle mal chauffée du château. Alors les cortèges se reformaient, les transports étaient perturbés, des hôpitaux fermés, les loyers en hausse.

Quand la période est trouble, le rire devient nécessaire. Les humoristes et autres plaisantins se multipliaient, on n'avait jamais vu autant de spectacles comiques. L'esprit des chansonniers renaissait et leur public rajeunissait. Peu de ces nouveaux venus avaient le génie acide de MM. Le Luron, Coluche ou Desproges, lequel demandait, à propos d'un marchand de réclames qui avait réussi à vendre au roi Mitterrand un slogan refusé par une marque de machines à laver, *La force tranquille* : « Ou bien Jacques Séguéla est un con, et ça m'étonnerait quand même un peu ; ou bien Jacques Séguéla n'est pas un con, et ça m'étonnerait quand même beaucoup. » Il y en avait un, qui, avec plus ou moins de bonheur, bravait dès l'aube les politiciens avec des blagues hésitantes ou sonores. Le chevalier de Guillon déplaisait à ceux qui l'employaient, dont il se moquait aussi, car si le rire était une arme pour fendre l'amertume, nous vivions un temps de molle prudence ; les mots devaient rester muselés. Un matin, le chevalier nous donna un portrait du lieutenant criminel Besson en lui accordant des yeux de fouine. Le duc de Saint-Simon, dans ses *Mémoires* apocryphes, avait usé de la même comparaison à propos d'un ministre, parce qu'il ne détestait point les références animalières, mais aujourd'hui ce fut le mot de trop que *fouine*. M. Besson en colère provoqua M. de Guillon en duel, ce que l'autre rejeta. Comme le chef des ondes publiques, M. Hees, avait été directement nommé par la grâce de Sa Majesté qui l'avait décoré le 1er janvier, il se répandit en excuses pour les yeux de fouine. Le marquis de Valois, qu'on avait cru moins bégueule, apporta son soutien : « On ne peut pas critiquer le délit de faciès et le pratiquer. » M. Finkielkraut, un professeur burlesque qui avait l'esprit ouvert comme une porte de pénitencier, pleura même sur l'époque en ces termes : « On assiste aujourd'hui à un véritable réensauvagement du rire. Qu'un type se permette de traiter une femme politique de pot à tabac ou de comparer la démarche d'un monarque à celle d'une vache folle, je trouve ça effroyable. » Ces expressions tirées chacune d'une saynète étaient en situation et jouées. Et puis c'était oublier le roi Louis-Philippe peint en poire ou M. Zola en cochon ; que M. Calvo avait donné aux nazis la forme de rats noirs, que M. Benjamin Rabier croquait ses amis en animaux de basse-cour ; quant au bébête show des années quatre-vingt, il présentait le roi Mitterrand en grenouille et M. Rocard en corbeau. On pourrait décliner cette galerie à l'infini. Quoi qu'il en fût, M. de Guillon persista et il prit la porte au mois de juin, chassé par son supérieur, M. Val, nommé par M. Hees qui avait été nommé par Sa Majesté, au prétexte que l'actionnaire principal en avait assez de se faire insulter, laissant entendre que les ondes appartenaient comme ses directeurs à Notre Rancunier Leader, et non aux auditeurs qui étaient deux millions à rire avec M. de Guillon.

Ses directeurs convoquèrent également le chevalier de Zemmour pour savoir s'il convenait de le mettre à pied. Il avait émis un jugement hâtif qui heurta d'autres oreilles : « Les Français issus de l'immigration sont plus contrôlés que les autres parce que la plupart des trafiquants sont noirs et arabes. » Et il ajoutait : « C'est un fait », soulignant par là ce qu'il pensait comme une évidence. Des organisations chatouilleuses avaient aussitôt crié. « Je n'ai pas dit que les Noirs et les Arabes étaient tous des délinquants », avait répliqué le chevalier de Zemmour. Des catholiques intégristes manifestèrent en sa faveur, ce qui n'était pas un vrai cadeau et semblait renforcer une vision des choses de leur côté. M. de Zemmour était exaspérant parce qu'il faisait profession de tout savoir. Il se voyait empêtré dans des certitudes parce qu'il était né vieux. Lorsqu'il mettait ses deux mains en éventail pour encadrer son trop large sourire, il ressemblait à un Stan Laurel pris en défaut, mais c'était pour être mieux cruel avec les faibles, lui qui était poli avec les bonimenteurs et les rusés. Si

M. Besson tenait de la fouine, M. de Zemmour tenait de l'étourneau pour, derrière cette insouciance, ajuster ses coups. Il officiait sur un fenestron fort suivi, sur les ondes, dans un billet écrit au format court ; il y avait acquis un sens du lapidaire pour être plus scandaleux par ses formules et ses raccourcis, mais sa brièveté était toujours réductrice, qu'il utilisait à seule fin de débattre. Il aurait tant aimé être historien au lieu d'histrion ; il vivait avant. Quand il fêta ses cinquante ans, ce fut dans une dépendance de la Malmaison au son des tambours ; on y croisa déguisés le chevalier de Guaino, la duchesse et le duc de Levallois, M. Dick Rivers avec sa banane sur la tête et un uniforme brodé. Sacrifiant à ce goût, parce qu'il avait lu Gibbon, le chevalier de Zemmour réserva le dernier chapitre de sa *Mélancolie française* à comparer notre sort à celui de la Rome décadente. Les Romains, incapables d'assimiler les barbares, en seraient morts, mais cette agonie qui dura quatre siècles eut bien d'autres causes.

D'abord la monnaie était falsifiée, et certains empereurs exigeaient que l'impôt fût payé en or, mais les mines fermaient faute de main-d'œuvre et à cause de l'insécurité croissante des voyages, qui paralysa le commerce. Par économie, on remplaça les légions romaines par des troupes barbares qui acceptaient leur solde en terres. L'aristocratie romaine s'évanouit, les anciennes institutions furent abandonnées ; l'Empire était trop vaste. Une sorte d'absolutisme asiatique remplaça bientôt la République, Dioclétien avait déjà installé une immense bureaucratie sans pouvoir. L'agriculture dépérit et les friches mangeaient les cultures. Au IVe siècle on pouvait tout acheter et tout le monde volait, tout le monde dénonçait. L'indépendance individuelle n'existait plus, chacun était obligé de s'affilier à un collegium qui lui bouchait l'avenir, de là une population indifférente et sans énergie, cosmopolite, entassée dans les immeubles des villes. Les Empereurs cherchaient à distraire les chômeurs ; après Marc-Aurèle il y eut cent soixante-quinze jours de fête par an. Les citoyens devinrent des brutes, la vie intellectuelle rare et souterraine, l'art se ramollissait, le langage était creux. Fronton, un Africain de Cirta, composa un *Eloge de la fumée*.

La religion romaine s'était diluée. Des sectes orientales vinrent s'établir à Rome et le christianisme fut l'une d'elles. Le mouvement chrétien pénétra l'armée qu'il désorganisa davantage, infiltra le Sénat, se répandit en écartant de la politique un grand nombre de gens cultivés. Dans le chaos ainsi créé, les chrétiens constituèrent une hiérarchie, simple mais solide, fondée sur des principes autoritaires. Ils s'implantèrent, ils convertirent, avec des institutions d'assistance et de bienfaisance comme les islamistes. Au fil des décennies les chrétiens allaient remplacer un Empire défaillant ; par les évêques qui gouvernaient les principales villes, l'Eglise s'empara du pouvoir politique pour quinze siècles, à cause d'une longue et savante stratégie qui avait peu à voir avec le flot des invasions diverses.

Un nuage de poussières vint recouvrir ce type de polémique et l'Europe. Les vents poussaient vers nous le panache d'un petit volcan d'Islande au nom imprononçable. Centré sur l'Atlantique, un anticyclone nous amenait des particules fines qui montaient très haut, contenant de la silice capable de détruire un moteur d'avion. Le dernier réveil d'un volcan de ce genre datait de 1821 et il cracha ses cendres pendant une année ; les experts prédisaient : « Cela peut durer des mois ! » Immédiatement on ferma les aéroports, dont vingt-cinq chez nous. Au bout de quelques jours paralysants, avec près de sept millions de passagers bloqués dans trois cent treize aéroports, on entendit des soupirs : « Ah que nous sommes vulnérables ! » La colère des passagers en short n'y fit rien, et les trains étaient depuis deux semaines en grève, ce qui ajouta à la gabegie. Cette situation dramatique dispensa Sa Majesté, comme M. Obama, Mme Merkel et quarante délégations étrangères de se rendre aux obsèques du président polonais, l'espace aérien étant par bonheur fermé. Ce président Kaczyński avait essayé d'atterrir dans le brouillard près de Smolensk ; son Tupolev avait pris feu en rencontrant des arbres. A bord, il y avait ce que le pouvoir comptait de mieux, des politiques, des militaires très gradés, des religieux de haut rang qui se rendaient en pèlerinage à Katyn où quatre mille officiers avaient été massacrés naguère sur un ordre du Tsar Staline. Ce M. Kaczyński avait été célèbre à douze ans lorsque, avec son frère jumeau, il avait joué le rôle principal de *L'Histoire des petits voyous qui ont décroché la lune*, ce qu'il devait croire, bien plus tard, en devenant le trouble-fête d'une Europe qu'il détestait. L'Eglise l'enterra près des rois et des héros du pays, malgré quelques protestations, mais elle maintenait sa poigne rétrograde sur une Pologne à genoux ; hélas, d'autres nuages noircissaient le ciel au-dessus des ministres de Notre Grandiose Leader.

Le 14 janvier 2007, quand il avait posé sa candidature au trône, le Prodigieux Souverain avait lancé avec des vibratos dans la voix : « Je veux être le monarque qui va remettre la morale au cœur de la politique. Je veux un règne irréprochable. Si l'Etat veut être respecté, il doit être respectable. » Elles étaient jolies, ces paroles qui s'envolèrent, car elles ne furent point mises en œuvre. Au moment où il demandait à chacun de faire des sacrifices et de payer des taxes, Notre Prince Majestueux acquit avec l'argent de ces mêmes sujets un aéronef semblable en taille et en confort à celui de M. Obama ; cent quatre-vingts millions d'euros. Il allait revendre ses deux anciens Airbus, mais à qui ? Des gazettes parlaient des aménagements farfelus de l'avion impérial, une baignoire sabot qui déborderait à la première turbulence, un four à pizza et autres sornettes qu'il fallut nier. En cas de panne, de réparation, d'imprévu, le Monarque n'avait plus qu'un seul avion, lui faudrait-il louer à une compagnie privée un appareil digne de son rang ? C'est ce que fit M. Joyandet, qui s'occupait de la Coopération, quand il s'en fut vers la Martinique ; il sauta dans l'engin d'une compagnie portugaise qui fit une facture de cent seize mille cinq cents euros. Deux mois plus tôt il s'était rendu en Haïti dans un Falcon 900 hollandais à cent cinquante mille euros. Prévenu, le Premier des ministres se fâcha tout rouge, mais il opérait de même en louant à la compagnie Masterjet pour aller à Lyon, Marseille ou Strasbourg. M. Joyandet avait d'autres fantaisies à se reprocher, comme ses fausses déclarations pour agrandir sa maison de Grimaud, près de Saint-

Tropez, avec la bénédiction d'un architecte et du maire impérial qui délivra un permis de construire douteux. M. Joyandet démissionna contre la volonté de Sa Majesté en hurlant qu'on en voulait à son honneur. Ce ne fut pas le cas de M. Christian Blanc, lequel fut contraint de démissionner quand on apprit qu'il faisait payer ses cigares par son administration, mais il cria lui aussi qu'il était tombé dans un guet-apens. C'étaient des hommes dont la probité ne saurait être remise en cause, précisa le comte Paillé qui faisait office de porter la parole impériale, et il conclut : « C'est la preuve d'un règne irréprochable. »

Irréprochable, la Princesse Rama qui avait réservé au Table Bay de Johannesburg pour six cent soixante-sept euros la nuit ; dénoncée, elle se réfugia au consulat mais sa chambre était payée d'avance. Irréprochable, la baronne de Boutin, si vertueuse, qui protesta tellement quand elle fut écartée de son poste, qu'on la bâillonna en lui offrant une mission rétribuée à neuf mille cinq cents euros par mois, laquelle, en retour, lui permit d'affirmer que Sa Majesté avait le sens du peuple. Irréprochable, la baronne d'Ati que son bailleur poursuivait parce qu'elle n'avait pas payé les charges de son appartement de cinq pièces. Irréprochable, M. de Tron qui obtint d'une société d'HLM un logement de cent dix-huit mètres carrés au loyer deux fois moins cher que sur le marché. Irréprochable, M. d'Estrosi, duc de Nice qui dut quitter dès sa nomination le palais des rois de Sardaigne pour un duplex au deuxième étage de l'hôtel de Seignelay, où il logea sa fille, se réservant une soupente à Bercy pour y faire la sieste, et qu'il ouvrit aux gazetiers fouineurs afin d'en dévoiler le misérable. Irréprochable, Mme d'Amara qui se vit confier un appartement avec maître d'hôtel et cuisinier, qu'elle n'habitait point mais dont sa famille profitait à l'occasion. Irréprochable, M. de Wauquiez auquel on donna un logis avec terrasse sur la Seine, alors qu'il possédait son propre appartement dans Paris. Irréprochable, M. Fillon, Premier des ministres qui arriva à l'hôtel de Matignon dans un logement de quatre-vingt-sept mètres carrés qu'il agrandit à trois cent neuf mètres carrés.

Tandis qu'au Château on s'activait pour découvrir le corbeau qui avait alimenté les gazettes avec ce flot de bruits, le Prince pensa qu'il était temps de changer de musique et de faire diversion, afin qu'on oubliât les voyants défauts de son règne ; il devint le chantre des économies. Tous les frais liés à la vie privée des ministres seraient dorénavant acquittés par eux-mêmes ; ils devraient voyager en train et limiter le nombre de leurs accompagnateurs ; ils logeraient dans les ambassades ou les préfectures et point dans des palaces ; ils devraient réduire les réceptions, les cérémonies et les petits-fours ; sept mille logements de fonction seraient carrément supprimés, et dix mille véhicules. Tout cela ne nous ferait épargner que un milliard d'euros, mais il fallait un exemple pour la populace, et Notre Radin Monarque était assez fier de ces mesures spectaculaires, aussi poursuivit-il sur cette lancée pour s'attaquer, enfin, aux terribles déficits de l'Etat. Il fallait raboter partout et remplir les caisses. Les retraites étaient un trou ? Comblons-le, disait-il, mais sans peiner les favorisés ; réformons.

Chez lui, c'était neuf.

Cette réforme des retraites n'avait point figuré dans ses promesses, bien au contraire il avait assuré qu'il n'y toucherait jamais. Notre Bravache Souverain ne voulait point que les pensions fussent amoindries pour ne pas se faire écharper par des foules en colère, mais il souhaitait conserver le système, quand les actifs, moins nombreux qu'avant, payaient pour le repos des autres. Durant de longues années, Notre Fugace Leader défendit la loi du roi Mitterrand, qui autorisait le travailleur fourbu à quitter son bureau ou son usine à soixante ans au lieu de soixante-cinq, pour qu'il profitât quelques années en plus du jardinage et de la chaise longue après une vie de labeur sot. Lorsqu'il défendait cette issue très populaire, le

Prince se vantait d'avoir en personne voté cet abaissement de l'âge légal, et il ajoutait « que les choses soient claires », mais elles ne l'étaient guère puisqu'il mentait ici une fois encore ; à la date de ce vote il n'était pas député. Le maintien de cet âge fut tout de même inscrit comme un engagement lors de sa campagne impériale, qui le hissa sur le trône. Il n'y avait aucun plus hardi défenseur des retraites que le Prince. Lorsqu'en 2008 on l'interrogea sur les ondes, parce que le Club des Patrons voulait repousser le départ de ses salariés de trois ans et demi, Sa Majesté n'en démordait toujours pas : « Je dis que j'le ferai pas. C'est pas un engagement que j'ai pris devant les Français, j'ai donc pas de mandat pour faire ça. » Comme si Notre Colossal Souverain avait besoin d'un vulgaire mandat ! D'ailleurs, voilà qu'un jour de cette année 2010, dans le huis clos d'une réunion partisane à Beauvais, il changea brutalement la règle et inversa son discours : « Quand on pense à c'qu'a fait l'roi Mitterrand en abaissant de cinq ans l'âge de la retraite légale ! On aurait beaucoup moins de problèmes s'il s'était abstenu. » Les fenêtres électroniques diffusèrent sur l'heure ces propos pour signaler son absence de ligne ; on entendit des huées contre lui.

Notre Lointain Leader, dans sa bulle policière, n'entendit point les lazzis et lança dès lors son beau projet qui devait rassurer les milieux de la finance. Lui, parce qu'il avait beaucoup agrandi les déficits de son pays avec sa nonchalance et ses largesses aux plus aisés, il allait désormais montrer comment les réduire. Il fallait réformer, disait-il, c'est-à-dire changer la définition même de ce mot, lequel ne signifiait plus un progrès, nous l'avons déjà vu à maintes occasions, mais un retour en arrière. Les syndicats haussaient le ton, trouvant ce projet injuste car il retombait presque exclusivement sur les employés et les ouvriers, et qu'il se moquait des femmes, des jeunes, des précaires, des chômeurs de longue durée dont le nombre montait. N'était-il pas stupide de travailler plus quand le travail manquait, qu'à cinquante ans déjà vous étiez poussé dehors ? Sa Majesté passa outre. Elle se sentait fortifiée par son nouveau ministre du Travail, ce M. Woerth, duc de Chantilly, qui symbolisait la parfaite honnêteté, la rigueur, la persuasion, lequel écoutait les doléances d'une oreille, faisait mine de les comprendre et n'en faisait qu'à sa tête, comparant avec grand sérieux les financements dans quarante ans, pour montrer l'affreuseté du gouffre, avec les présentes recettes des impôts, ce qui n'avait aucun sens. Souple, modeste, flegmatique par nature, le probe duc de Chantilly allait pourtant se trouver au centre d'un problème fatal au régime. Pour comprendre cela, il fallait remonter le temps, et voir comment un drame de famille, autour d'un héritage, ainsi qu'on en voit représenté sur les tréteaux des boulevards, allait se transformer au fil de ses actes en un désastre d'Etat.

La Grande Duchesse de Bettencourt était connue pour l'immensité de sa fortune. Chaque minute qui passait à l'horloge lui rapportait cinq cent cinquante euros ; elle ne savait plus quoi faire de l'argent qu'elle héritait des cosmétiques paternels. Les milliardaires s'ennuient. Or, un jour, tel l'archange blond du *Théorème* de M. Pasolini qui déboula dans une famille pour y semer le trouble, le marquis de Banier entra dans sa vie en la distrayant. Ce chenapan aimait surprendre et provoquer, des fois ordurier, des fois charmant, ses éclats de rire succédant à ses colères, animant les déjeuners guindés de cocasseries et de gauloiseries qui ravissaient la Grande Duchesse. Le marquis de Banier s'imposa, non par ses livres, ses photos ou ses toiles barbouillées, mais par lui-même et ses façons. L'intrigant était un amateur de vieilles dames riches ; Madeleine Castaing avait précédé la Grande Duchesse. Tout jeune, éblouissant, il s'était collé à Dalí, puis à Aragon, devint le jeune homme de compagnie de l'actrice Silvana Mangano, mourante, qui voyait en lui le fils qu'elle avait perdu dans un accident d'avion en Alaska. Il avait trouvé sa profession : fils de remplacement. Il tenta sa chance auprès de Mme Françoise Giroud, qui venait de perdre le sien dans un accident de montagne, mais elle lui montra la porte. Avec la Grande Duchesse, pendant des années, il devint le fils indispensable. Il l'amusait.

Puis le Grand Duc de Bettencourt mourut au sixième mois du règne de Nicolas Ier et le comportement du marquis se modifia. Il accepta toujours les cadeaux de la Grande Duchesse, mais ses exigences s'accrurent. Le marquis de Banier avait déjà eu le temps de se faire offrir un hôtel particulier où il hébergeait ses œuvres et ses gigolos, la réfection de sa villa romaine dans le Gard, des tableaux et des livres de collection, des assurances vie, des chèques, des chèques et encore des chèques, près de un milliard de dons que la Grande Duchesse signait en oubliant la somme. A quatre-vingt-sept ans elle était sourde, et, après un séjour à l'hôpital, un rien déboussolée, avec des périodes de fatigue et des périodes d'oubli, il lui arriva de prendre son infirmière pour son mari. Un matin, une femme de chambre surprit le mot *adoption* dans la bouche du marquis de Banier ; elle prévint sans tarder la fille de sa maîtresse qu'il voulait l'écarter. Il était vrai que le marquis se débarrassait des importuns, qu'il isolait la Grande Duchesse pour se réserver son exclusivité.

Les riches prennent les valets pour des meubles et ils ont tort. Il faut relire les *Instructions aux domestiques* que M. Swift commença à écrire en 1731 mais qui demeurent vivantes : « Quand votre maître et votre maîtresse causent ensemble dans la chambre à coucher, et que vous avez des raisons de croire que vous êtes, vous et vos camarades, pour quelque chose dans ce qu'ils disent, écoutez à la porte, dans l'intérêt général et de tous les domestiques, et réunissez-vous pour prendre les mesures propres à prévenir une innovation qui puisse nuire à la communauté. » Cela commença ainsi à l'office, on se serait cru dans le cinématographe de M. Jean Renoir, entre les fidèles du défunt Grand Duc, qui servaient par fidélité sa fille, et les fidèles de la Grande Duchesse qui en profitaient au maximum. Si quelquefois l'un d'eux collait son oreille à une porte, si quelquefois en servant les œufs cocotte il surprenait une conversation, le monde moderne avait maintenant outillé les espions en mouchards sophistiqués. S'étant aperçu que la Grande Duchesse s'enfermait souvent dans le bureau de feu le Grand Duc, à l'étage et à l'écart, un majordome qui en possédait la clef équipa la pièce d'un modèle performant de dictaphone ; pendant une année il enregistra des entretiens entre la Grande Duchesse et ses conseillers, son notaire, ses avocats. Il donna l'ensemble à sa fille qui entendait prouver la malfaisance du marquis de Banier et la faiblesse de sa mère entourée de prédateurs. « Je n'ai fait que mon devoir », se défendit le majordome, au service de la famille depuis vingt ans. Sur les bandes, on entendait fermer une porte, pousser une chaise, aboyer un chien, des voix qui détachaient bien les syllabes puisque la Grande Duchesse était sourde. Que disaient ces voix ? Qu'une île des Seychelles lui appartenait au travers d'une société du Liechtenstein, qu'elle avait quatre-vingts millions cachés en Suisse, que le marquis de Banier était son légataire universel, qu'elle avait offert un appartement à son chauffeur, que le médecin qui la suivait en vacances avait reçu une enveloppe de billets de banque.

La gazette électronique de M. de Plenel, laquelle s'intitulait *Mediapart*, récupéra les vingt-huit cassettes d'enregistrement pour les distiller comme un feuilleton. Cela fit hurler les proches de Notre Fier Monarque. Le baron Bertrand accusa des méthodes fascistes, M. Raoult du Raincy compara avec ces gazettes de Cuba où l'on pouvait dénoncer son voisin, le duc de Nice, M. d'Estrosi, déclara que cela lui rappelait le comportement d'une certaine presse d'avant sa naissance, dans les années trente, le Transfuge Besson compara aux procès de Moscou, Mme de Morano avec son parler de rogomme s'exclama que tout n'était que ragots et déclarations anonymes. Pourquoi diable s'enflammaient-ils ? Parce que leur système s'effondrait ; les liens étroits entre la grosse galette et le Parti impérial sortaient au jour. On y rencontrait dans les conversations piratées des noms de gens qui aideraient à étouffer l'affaire, parce que la Grande Duchesse finançait depuis longtemps Notre Vorace Monarque, comme l'illustrait cet échange où M. de Maistre, le gestionnaire, expliquait sa situation à une vieille dame dépassée :

— J'ai eu le Château et le Château m'a dit que...

— Qui ?

— Le Château. Le conseiller de Sa Majesté. Il m'a appelé, il y a...

— Sa Majesté ?

— Non, son conseiller juridique, au Château, que je vois régulièrement pour vous. Il m'a dit que le procureur Courroye allait annoncer le 3 septembre, normalement, que la demande de tutelle de votre fille était irrecevable. Donc classer l'affaire. Mais il ne faut le dire à personne, cette fois-ci.

Plus loin, le même gestionnaire expliquait à la

Grande Duchesse comment elle participait à des élections :

— La ministre de la Recherche. Elle fait campagne pour être présidente de Paris. Elle va perdre.

— Ah, dit la Grande Duchesse, elle va perdre ?

— Elle va perdre, mais il faut que vous la souteniez. Et c'est des sommes très mineures, des petites sommes. Il faut quand même lui montrer votre soutien. Le deuxième, c'est le ministre du Budget…

— Ça me dit quelque chose.

— Oui, c'est le ministre du Budget. Il faut aussi l'aider. Et le troisième, c'est Sa Majesté.

— Bon, alors je vais donner pour la Recherche.

— Mais ce n'est pas cher.

— C'est eux qui ont demandé cette somme-là ?

— Non, c'est le maximum légal. Vous voyez, c'est sept mille cinq cents, ce n'est pas très cher. En ce moment il faut qu'on ait des amis (*il lui fait signer des documents ou des chèques*). Ça, c'est la ministre de la Recherche. Ça, c'est le ministre du Budget. Je pense que c'est bien, c'est pas cher et ils apprécient.

— Et Sa Majesté ?

— C'est fait, c'est dedans.

Si discret qu'il voulût être, le vicomte de Maistre était entré en scène à son insu, très éclairé par les feux de la rampe. Son ancêtre, dans un petit livre fastidieux, *Voyage autour de ma chambre*, avait au chapitre XVII délivré cette exclamation : « Que de protestations, que d'offres de services ! Je pouvais compter sur leur fortune, sur une amitié éternelle et sans réserve ! » C'était un credo pour le vicomte de Maistre, lequel voyageait autour des coffres-forts. Il submergeait la Grande Duchesse de conseils et d'avis, lui indiquait des recettes pour protéger son argent ; le magot qui était en Suisse ne serait-il pas plus confortable à Hong Kong, à Singapour ou en Uruguay ? Il ressemblait parfaitement à un homme de confiance. Le vicomte avait grand air, les cheveux raréfiés mais blanchis, une carrure et des attentions où pointait la vigoureuse assurance des manieurs d'argent. Cet ancien expert-comptable qui n'était point passé par les Grandes Ecoles appartenait néanmoins au fameux Jockey Club, il y côtoyait des gens à particule ou à hauts diplômes qu'il conviait à tirer le lièvre ou le faisan sur ses hectares de Sologne, qu'il retrouvait dans des régates ou au golf. La Grande Duchesse l'occupait follement, mais il avait de longue date investi au Cameroun, en Algérie, dans ce Gabon de la famille Bongo qu'il connaissait à l'intime. Il venait d'obtenir la Légion d'honneur des mains du duc de Chantilly, au palais de Bercy, dont il disait dans les enregistrements du majordome : « M. Woerth est très sympathique, et, en plus, c'est lui qui s'occupe de vos impôts. C'est aussi le mari de Mme Woerth, que vous employez, l'une de mes collaboratrices.» Y aurait-il un lien entre l'embauche récente de la duchesse et la médaille épinglée au revers d'un membre du Premier cercle impérial, celui des donateurs du Parti ? Voilà qui devenait compromettant pour le vicomte, lequel confia son trouble à la Grande Duchesse dès le 23 avril : «Je me suis trompé quand je l'ai engagée. Avoir la femme d'un ministre comme ça, ce n'est pas un plus, c'est un moins. Parce que vous, comme vous êtes la femme la plus riche de France, tout est mélangé. J'avoue que, quand je l'ai fait, son mari était ministre du Budget, il m'a demandé de le faire.»

Quand on tire un fil, l'écheveau se défait. C'est ce qui se produisit. Lorsque le procureur Courroye, surnommé *courroie de transmission*, fut chargé d'étouffer l'affaire naissante et fit placer en garde à vue le majordome, deux nuits alors qu'il avait déjà tout dit, la justice estima que ses bandes volées livraient *des informations légitimes intéressant l'intérêt général.* L'angoisse grandit encore lorsque la comptable de la Grande Duchesse de Bettencourt, que le vicomte de Maistre avait congédiée, se mit à parler des cent cinquante mille euros en espèces que celui-ci lui aurait demandé de sortir de la banque, pour financer la campagne électorale de Notre Majesté.

Elle refusa, ne donna que cinquante mille et prévint la banquière, mais devant la justice cette dernière nia tout ; on se rendit compte que c'était une amie de la sœur du vicomte. Tandis que le marquis de Banier et le vicomte faisaient le vide autour de la vieille dame, on en apprit de belles. Du beau monde venait régulièrement dîner au palais de Neuilly, et plus fréquemment à la veille d'élections. Le Grand Duc de Bettencourt était généreux et distribuait des enveloppes kraft bourrées de liasses. L'ancienne secrétaire du Grand Duc et un employé mis à la porte affirmaient que cela était connu. On éplucha les comptes, on saisit des carnets ; trois cent quatre-vingt-huit mille euros en espèces s'étaient évanouis en quatre mois, avant l'élection fatale.

Que sortait-il de ce salmigondis ? A l'affaire purement familiale s'ajoutait une affaire politique, un financement illégal, des fortes sommes non déclarées dans des pays étrangers, des détournements, et là-dessus les services des impôts rendirent à la Grande Duchesse un chèque de trente millions d'euros parfaitement légal. Elle avait trop payé, dit-on, en vertu du bouclier fiscal voulu par Sa Majesté afin que les très riches ne payassent pas plus de la moitié de leurs revenus. Ils en payaient moins. Ils avaient des combines. L'essentiel se masquait derrière l'écran de sociétés filoutes, dans des holdings opaques, des entreprises à l'étranger. Les contribuables n'étaient point égaux ; les plus importants étaient plus égaux. Un homme qui déduisait mille euros de pension alimentaire se voyait exiger des relevés, mais à celui dont les impôts étaient réduits de vingt-trois mille euros on ne demandait qu'une attestation non signée.

Des liens affreux s'étaient tissés entre la politique et l'argent, ce que chacun savait depuis la plus haute Antiquité, mais cela venait à la lumière. Personne ne pouvait croire que le trésorier impérial Woerth négligeât les dons du vicomte de Maistre et moins encore ceux de Mme de Bettencourt. Personne ne pouvait croire que le ministre du Budget Woerth ne considérait pas avec bienveillance la fortune de la Grande Duchesse, même si l'on ne retrouvait, cela allait de soi, aucun ordre écrit. Devenu ministre du Travail, désigné par tous comme un rouage essentiel des menées de Sa Majesté, le duc de Chantilly pouvait-il se débrouiller de la réforme qu'il était censé conduire ? Tandis que les uns évaporaient leurs capitaux, il devait convaincre les autres de travailler plus longtemps. Dès qu'il ouvrait la bouche à la tribune, on lui serinait dans les oreilles : « Bettencourt ! Bettencourt ! » On n'entendait plus sa voix, ainsi couverte, il s'époumonait dans le vide, chargé de soupçons chaque jour nourris. Notre

Capricieux Suzerain affirmait qu'il n'y avait plus d'affaire, que cette criaillerie s'éloignait du Château, que rien ne l'accusait en personne, que M. de Plenel ne voulait qu'augmenter son audience et rentrer de la trésorerie avec ses médisances, que ses accusations traduisaient des manipulations puisqu'elles coïncidaient avec la réforme pour la torpiller, mais le mal était fait, profond, et le peuple s'indignait. Comment prouver qu'on vous remet de l'argent liquide ? Comment l'Etat pouvait-il signer un chèque de trente millions d'euros à une milliardaire qui n'en avait aucun besoin ? Et voici le duc de Chantilly, l'honnêteté personnifiée, luisant sous le maquillage, l'air grave, miné, qui résistait en parlant de chasse à l'homme. Il marchait à l'avant-scène, s'arrêtait devant la cage du souffleur.

LE SOUFFLEUR : Dis que t'as rien à te reprocher…

LE DUC : Je n'ai rien à me reprocher, je suis serein.

LE SOUFFLEUR : Que c'qu'on t'oppose, c'est un scandale…

LE DUC : Ces accusations sont fausses et même scandaleuses !

LE SOUFFLEUR : Que la duchesse se barre…

LE DUC : Ignoblement attaquée, très affectée, ma femme va démissionner. Elle ne s'occupera plus des placements de la Grande Duchesse…

LE SOUFFLEUR : Vas-y sur ta double casquette…

LE DUC : Moi-même, j'abandonne mon poste de trésorier qui a fait tant jaser.

LE SOUFFLEUR : C'est pas toi mais la réforme qui est visée…

LE DUC : En fait, on veut ralentir le rythme et la réussite de la réforme des retraites !

LE SOUFFLEUR : Maintenant, tu joues les saint Sébastien criblé de flèches…

LE DUC : Je suis une cible politique. Je suis visible, donc je suis à abattre.

LE SOUFFLEUR : Le cap, le cap, tiens le cap…

LE DUC : Mais je ne changerai pas de cap !

Les démissions confirmées de l'employée et du trésorier, lesquels n'avaient point saisi leur double jeu, sonnaient comme un aveu de confusion des genres. Décrié, affaibli par les joutes en cours, le duc de Chantilly ne pouvait plus mener la réforme à son terme avant l'été, eh bien on la reporterait à la rentrée des classes. Juges et procureurs allaient prendre des vacances, profitons du répit. Aux abords de juillet, tout se ralentissait. Nicolas le Névrosé savait que le rideau se baisserait sur la comédie, qu'il aurait le temps d'inventer une nouvelle diversion afin que sa réforme passât au deuxième plan avec les ennuis pénaux du duc. Dans tout ce qu'il faisait on sentait le calcul, même si, parfois, il y avait des ratés. Sa Majesté aurait bien aimé fêter la victoire de l'équipe de France de balle-au-pied, à l'occasion du Mondial. « S'ils nous étonnaient ? » s'interrogea une gazette sportive, et ils nous étonnèrent, ces grands garçons en short qui récoltaient de fortes sommes pour marquer des buts. Malheureusement ils illustraient la mollesse des délices de Capoue, où se perdit l'armée d'Hannibal. Ils étaient exigeants, teigneux et fainéants. Quand l'un d'eux fut renvoyé parce que, dans les vestiaires, il avait tenu des propos malséants contre leur entraîneur, ils boudèrent, refusèrent de sortir du car pour taper le ballon. Vite éliminés, ils quittèrent l'Afrique du Sud pour revenir à la maison sous les quolibets. Il n'y aurait pas de garden-party au Château, cette année, pour le 14 Juillet. Par mesure d'économie, dit le Prince en nous épargnant sept cent mille euros de petits-fours, au grand désespoir des traiteurs prévus. Il en était de même dans les ministères. Restait le défilé sur les Champs-Elysées et sous la pluie. Madame y parut entourée de dames assez fortes roulées dans des boubous de couleurs criardes. « La pluie, en Afrique, est un joyeux présage », dit-elle. Cette année, en effet, les bataillons africains ouvrirent les maigres festivités, et même cela prêta à polémique. Un Congolais qui observait les droits de l'homme se confia aux gazettes : « Au lieu de hausser le ton, la France fait défiler des militaires qui ne soutiennent pas toujours la démocratie. » Et un opposant centrafricain ajouta : « Je ne comprends pas que l'on honore ce jour-là des armées qui symbolisent l'oppression des peuples. Les militaires vont défiler, puis ils repartiront racketter les populations ! »

Au cap Nègre, ce promontoire interdit de survol quand Leurs Majestés y séjournaient, des manifestants attendaient la voiture impériale devant le porche de la propriété familiale de Madame ; ils célébraient l'abolition des privilèges de la nuit du 4 Août 1789, et on lisait sur leurs banderoles : « Faisons payer les banques, pas les peuples ! » ou « Non au retour des privilèges ! ». Peu auparavant, Madame avait tourné une scène du *Midnight in Paris* de M. Woody Allen. Elle en avait rêvé. Ce fut rue Mouffetard, le 27 juillet à la nuit tombée. Elle devait sortir d'une boulangerie, une baguette à la main, mais il y eut un problème car elle ne savait que faire de cette maudite baguette, elle la tenait comme une madone tient l'enfant Jésus, parce que d'ordinaire elle envoyait une domestique chercher le pain, et puis, avec ses réflexes de mannequin, elle fixait sans cesse l'objectif, cela ôtait du naturel et il fallait recommencer. M. Woody Allen, ne montrant pas son exaspération envers la débutante, fit trente-quatre prises de la séquence, ce qui amusa fort une troupe de gazetiers anglais. Notre Prince Fougueux déboula tard sur le tournage, et, avisant des photographes en nuée, demanda à ses gardes du corps de les faire déguerpir, ce qui mit une mauvaise ambiance sur le plateau. Irrité, le Prince s'enferma plus d'une demi-heure dans un restaurant ; Madame l'y rejoignit pour le calmer. Etait-il jaloux de cet Owen Wilson avec lequel elle semblait trop complice et trop rieuse ? « Mais non, dit-on au Château, c'est de la pure fiction. » En revanche, ce qui ne l'était point se déroula près de Grenoble, dans l'une de ces cités radieuses et verdoyantes des années soixante-dix, qui, avec le changement de sa population, s'était dégradée en lieu de trafics et de violences ; on y tira sur les policiers avec des armes de guerre.

(*à suivre, hélas*)

Table

DU MÊME AUTEUR (*suite*)

Avec Michel-Antoine Burnier

LES AVENTURES COMMUNAUTAIRES DE WAO-LE-LAID, Belfond, 1973.

LES COMPLOTS DE LA LIBERTÉ : 1832, Grasset, 1976. (Prix Alexandre-Dumas.)

PARODIES, Balland, 1977.

1848, Grasset, 1977. (Prix Lamartine.)

LE ROLAND BARTHES SANS PEINE, Balland, 1978.

LA FARCE DES CHOSES ET AUTRES PARODIES, Balland, 1982.

LE JOURNALISME SANS PEINE, Plon, 1997.

Avec Jean-Marie Stoerkel

FRONTIÈRE SUISSE, Orban, 1986.

Avec Bernard Haller

LE VISAGE PARLE, Balland, 1988.

FREGOLI, un spectacle de Jérôme Savary, *L'Avant-Scène Théâtre* n° 890, 1991.

Avec André Balland

ORAISONS FUNÈBRES DE DIGNITAIRES POLITIQUES QUI ONT FAIT LEUR TEMPS ET FEIGNENT DE L'IGNORER, Lattès, 1996.

Cet ouvrage a été imprimé en France
par CPI Bussière
à Saint-Amand-Montrond (Cher)
en janvier 2011

Composé par IGS-CP
à L'Isle-d'Espagnac (16)

N° d'Édition : 16560. – N° d'Impression : 110061/1.
Première édition : dépôt légal : janvier 2011.
Nouveau tirage : dépôt légal : janvier 2011.